暮れなずむ大阪の街と大阪弁の景観。

大阪駅周辺の歩道・車道工事の仮囲いを、大阪弁が彩った。

大阪市から万博期間中に工事を行う施行者に対して、仮囲いが殺風景で工事感を出したくないという要請があり、デザインの依頼が来た。採用されたのが、大阪弁を紹介する「サインボード」としての活用案だった（7〜10ページ参照）

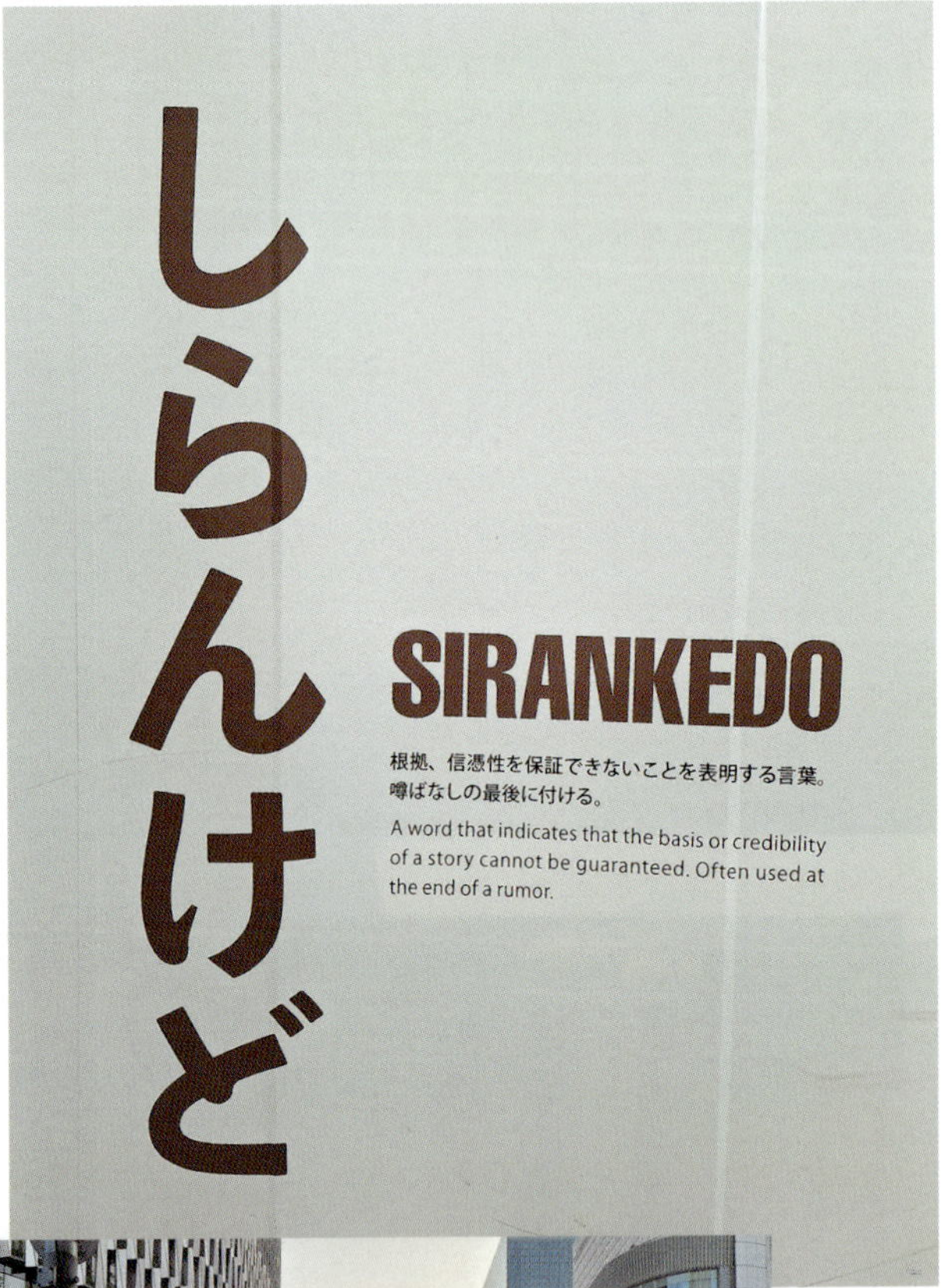

▲日本語と英語で大阪弁の意味が紹介されている。話題（?）の「しらんけど」も取り上げられていた

街角の大阪弁

▲大阪市西区に社屋を構える、1919年（大正8年）創業の鉄鋼商社。今では取引先から絶対に名前を変えるな、と言われるほど愛着を持たれている（81ページ）

▶大阪市北区・天神橋筋六丁目で見つけた焼き鳥店舗。「ええねん」は大阪から全国へ発信していく力強さを表現しているという（83～84ページ）

◀大阪府箕面市に本店を置く1998年創業のたこ焼き屋。親しみのある大阪弁の「あほ」が店名となり、今や全国に支店ができた（91～95ページ）

大阪弁に囲まれて――「まえがき」のかわりに

本書の校了も間近に迫った頃、２０２５年3月21日、娘から写真付きのＬＩＮＥが携帯に届いた。大阪の街が大阪弁に囲まれたような写真だった。

普段から筆者が、方言とりわけ大阪弁の景観の写真を撮っていることや、本書を執筆していることを知っているからであろう。居ても立ってもいられず、現地（大阪駅前阪急阪神百貨店前の仮囲い）に向かった。大阪弁に囲まれた夕暮れの大阪の街は、どことなく素敵な雰囲気が漂っていた。車道側と歩道側両方に仮囲いがあって、歩道側の大阪弁には意味と英訳まで付けられていた。その場に佇《たたず》んでいると、立ち止まって読む外国人がいたり、声に出して読んでいるカップルもいた。「ぎょーさん、は言わへんなあ」と言いながら「ひっしのぱっち」をうまく発音できない人もいた。ふわっとした、何となく温かい風景であった。

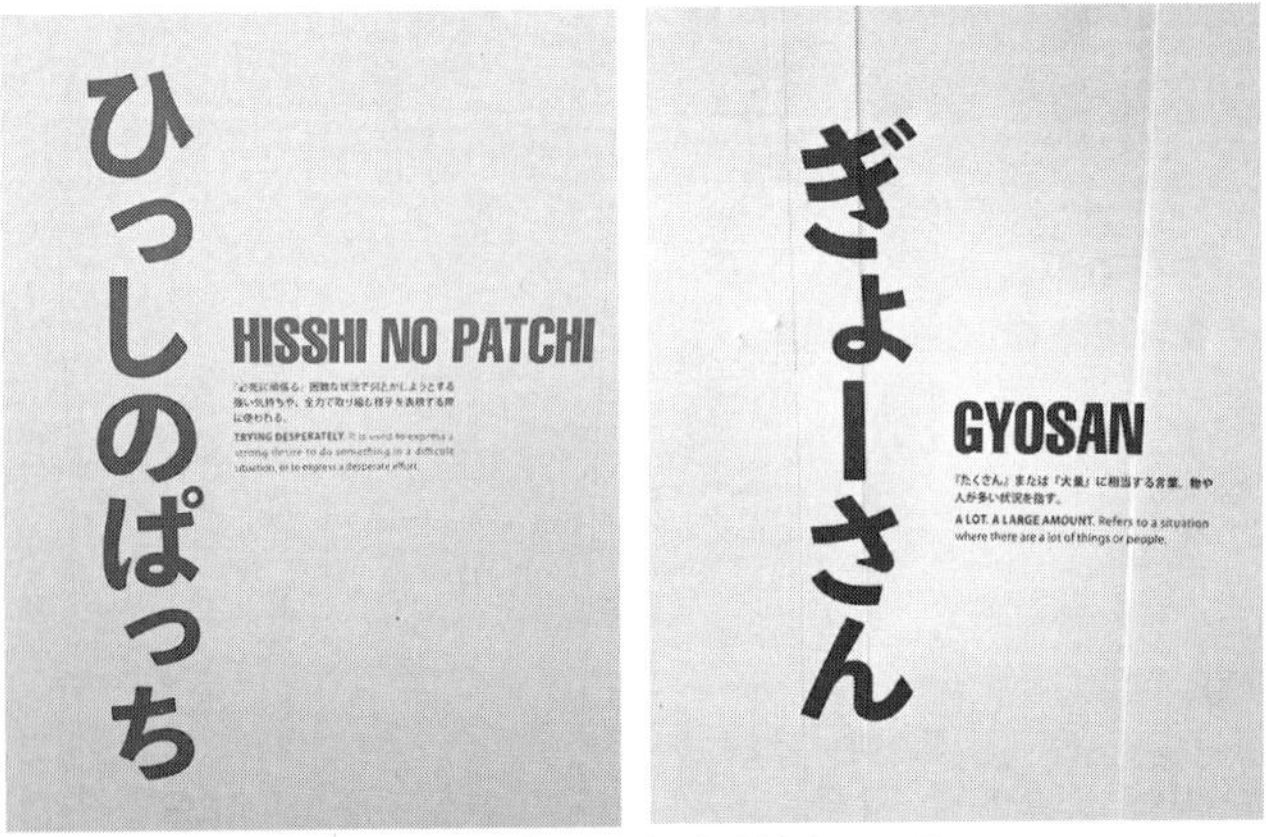

主な大阪弁の言葉をいくつか紹介している

この工事は大阪駅前地下道東広場大規模改築に伴う車道・歩道のリニューアル工事で6年目になり、2026年3月末日まで続く。事業主体は大阪市建設局、発注者は阪神電気鉄道、施工者は奥村・森本・ハンシン特定建設工事共同企業体、デザインの発案者は大阪のデザイン事務所・株式会社ヤンデザインである。担当者に、大阪弁仮囲いのデザイン制作の経緯を尋ねた。

大阪市から万博期間中に工事を行なう奥村組に、仮囲いの設置とその外観に工事感を出したくないという要請があり、仮囲いのデザインの依頼が来たという。デザイン作成にあたっては、仮囲いにグラフィックを施すことで役割を持たせ、街の環境として馴染ませることをコンセプトに三つの切り口を提案した。①大阪を代表する百貨店である阪急阪神百貨店の外壁イメージから色や要素を抽出し、百貨店モチーフの対比から大阪を表現する。②大阪が主役の国際的イベントである万博イヤーを訴求する。③仮囲いにサインボードとしての役割を与え、大阪を紹介・アピールする。

③の切り口の一つが今回の大阪弁を通して大阪を知ってもらうという案であった。大阪弁の選定についてはヤンデザインのスタッフがインターネットを中心に下調べを行ない、候補を集めた後、その際ネガティブな印象を与えることばは除外し、大阪内外の出身者や世代による認知度の違いも考慮して、複数名で選定したという。歩道側の日本語説明文はスタッフが作成し、社内の複数名で校正を行なったが、識者による監修は行なっていないということだった。英訳については日本語の説明文を基に、インターネットの自動翻訳を活用しつつ、翻訳家に英訳のチェックと修正を依頼し、さらに、ネイティブによる確認も行ない、直訳では伝わりにくい部分を調整し、ブラッシュアップを重ねて完成したとのことであった。

工事関係者の話では、この仮囲いの大阪弁は工事が進むにつれて徐々に取り外していき、歩道側の部分は1年間ほど残るが、最後には全てなくなるという（見るなら万博期間中である)。

筆者が2006年に新潮社から大阪弁の新書『大阪弁「ほんまもん」講座』を出して約20年が経つ。当時はまだ大阪弁には「怖い」イメージが残っていたように思う。その時に詳しく書いた「めっちゃ」も「まったり」も滅びるどころか、すっかり「共通語」となった。この看板にある「しゃーない」や「ほんま」もやがて共通語になるのであろうか。すっかり大阪弁を取り巻く様相も変わった感がある。

筆者の言語遍歴地点を記しておこう。高度経済成長期に、大阪府交野《かたの》市で生まれ小・中学校を過ごし、高校は京都、大学は東京で過ごした。大阪人は東京に行っても大阪弁を話すといわれるが、筆者は東京に行った時、実は東京のことばを話したかった。上京して間もない時、意を決し「だってサ」と言ってみた。その途端にさぶいぼ(大阪弁でいういわゆる鳥肌)が立ち、アイデンティティが崩壊した感覚に見舞われた。その瞬間自分には東京のことばは話せないと断念した。話したくても話すことができない大阪人だったのである。

その後、奈良で2年、京都で29年主に高等学校の国語科教員として働き、その間に交野市から寝屋川《ねやがわ》市、そして大阪市（日本一長い商店街、天神橋筋商店街に程近い、天満《てんま》である）へと移り居を構えるようになった。教員となって31年、関東でもない、関西でもない縁もゆかりもなかった岡山に大学教員として5年間赴任した。岡山弁協会（残念ながら2023年解散）に所属し、岡山弁のシャワーを浴び味わいながら大阪弁を外から見る機会を得た。

岡山時代は調査研究で東北に足を運ぶ機会があった。仙台にいる研究協力者の車に同乗させてもらった時、携帯電話で話す筆者の大阪弁を聞いていたそのかたから「凄くリズムがあって耳に心地良いですね」と言われ、そんなふうに聞こえるのかと思った。また東北の方言研究者から「東日本大震災の時、ある地域に入った関西の人たちの医療ボランティアスタッフのかたがたが、良かれと思ってたくさん話しかけた。ところがその地域では、よくしゃべる人はペテン師だという価値観があって、最後まで関西の人たちに心を開かなかった。言い換えれば関西の人たちのほうがことばの力を信じているのだと思う」という話を聞かせて下さった。大阪人として、目から鱗《うろこ》だった。外から大阪弁を眺める機会を得て、2022年に関西に戻って来た。京都市内の大学へ、大阪市内の自宅から、大阪弁に囲まれながら通う日々である。

2025年2月大阪市立住まい情報センターが、ブックトークサロンとして前掲書を取り上げて下さり、大阪弁の講演を行なう機会を得た。感想には「大阪弁の奥深さを知りたくて参加した」、「いろんなニュアンスのことばがあって奥深いと思った」、「とても多彩で深みのあることばで誇らしく感じます」といった今回の書名に関わる内容があった。終わってからの質疑応答を通じ、改めて大阪弁への関心の強さを実感した。

本書では、あちこちで出現する（良くも悪くも自分のペースに巻き込んでいく）大阪弁の働きぶりを描いている。その働きの多様さに大阪弁の深みを感じ取っていただけたら幸いである。何を以て大阪弁とするか、については厳密に考えると非常に難しい問いなのだが、本書では筆者自身が大阪ネイティブであるので、自身の生え抜きとしての判断、生活上の判断に基づいて、これは大阪弁やな、とみなしたことばを大阪弁としている。

なお本書のために書き下ろした章やコラムなどもあるが、それ以外の箇所については、すでに発表した原稿を本書に合うように加筆改稿し、初出を巻末に示した。引用・参考文献に関してはできる限り本文中に示すようにした。

大阪弁の深み　目次

第4章 経済、行政、司法の大阪弁

第5章 教育とスポーツの大阪弁

第1章

警察の大阪弁

くすっと笑える警察官募集ポスター

大阪には「大阪弁」を活用した採用ポスターが見られる。その代表格が「大阪府警察本部（以後「大阪府警」と称す）」の採用ポスターである。キャッチコピーには大阪弁がよく使われる。

大阪府警の採用ポスターは、毎年のようにマスコミを賑わすほど注目されている。とにかく面白くて笑えるのである。令和6年度の採用ポスターはたこ焼きが警官の帽子を被《かぶ》り、箸でつままれている写真で「熱っついの、求む。」とある。促音便を交えたキャッチコピーは大阪弁的である。毎年全国の県警本部も大阪の採用ポスターに注目しているという。

本章では、街の方言景観となっている大阪府警の大阪弁を使った採用ポスターを紹介しながら、どうやって選ばれるのか選考プロセスを追い駆け、なぜ大阪弁を駆使した面白いポスターが生まれるのか、その背景を探ってみた。キャッチコピーの特徴や、いつから存在するのか、といった点についても述べてみたい。

大阪府警のポスターには（意識しているかどうかは別にして）笑いが生まれる傾向が見ら

れるように思われる。

各警察本部とも、全国的な犯罪となっている特殊詐欺の犯行防止のための啓発の業務を行なっているが、地域によって全国的に電話で息子や孫になりすまして金銭を奪う詐欺被害の表現は異なるという。「オレオレ詐欺」や「振り込め詐欺」を、九州地域では「ウソ電話詐欺」という。

ちなみに大阪府警察本部生活安全総務課によれば「特殊詐欺」とは「振り込め詐欺」と「それ以外の詐欺」という分類になるという（「特殊詐欺」がなじみのないことばなので、別の表現にしているとのことだった）。

令和6年（2024年）度版

ただ最近振り込みをする人がほとんどいないので、犯罪として無い状態であるらしい。二つ目が「オレオレ詐欺」である。その定義は「誰かを騙《かた》る詐欺」のことであり、百貨店や銀行の時もある。この表現は実態としてわかりやすいので、よく利用するとのことであった。

西川家が活躍

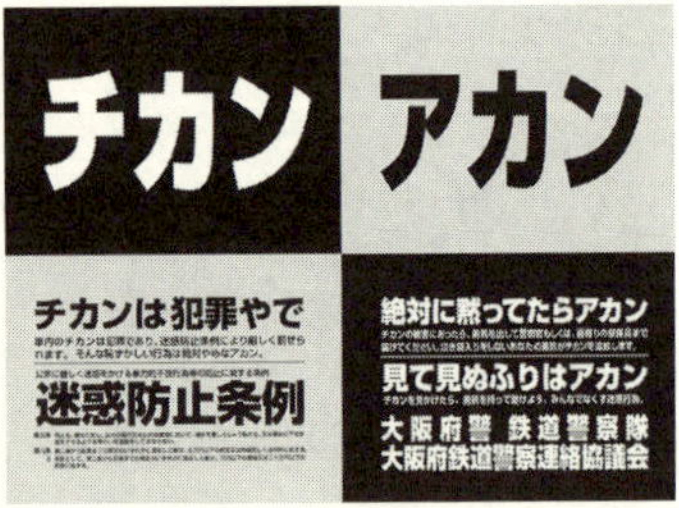

電車内の痴漢防止ポスター

大阪府警のポスターでは「だまされたらあきまへんで！」というキャッチコピーで、漫才師の西川きよし・ヘレン夫妻が登場している。なぜ、キャッチコピーとして大阪弁を採用しているのであろうか。

どこが音頭を取ったわけではないが、2014年、2015年頃に全国的に各県警でインパクトのある、ご当地標語を創ろうということになった。この「だまされたらあきまへんで！」は2014年からである。ただ大阪府の場合はそれ以前から「ひったくり気ィつけや」、「盗まれたらあきまへんで」、「チカンアカン」など一連の大阪弁シリーズがあり、全国的な流れではなく、大阪府警独自の流れであろうとのことであった。

西川夫妻を採用したのは、以前から防犯キャンペーンでも協力をしてもらっている吉本興業にお願いしたところ、芸人として一番クリーンで、議員も経験した実績から、西川夫妻が適しているという理由で推薦されたという。

オレオレ詐欺を方言の視点から見た場合、息子や孫であればいくら語彙が共通語であっても発音や抑揚で気づくのではないか、という疑問が生じる。大阪府警によると、大阪では息子を騙る場合、大阪弁が多いという。息子を騙る場合、その犯人は大阪弁をしゃべれる人間である。大阪弁以外の共通語の時もある。なぜ息子を騙る場合、大阪弁なのに見抜けないのか、だまされてしまうのか。以前は大阪南部のほうなどでは「〜さかい」といった濃い大阪弁が使われていたが、今は大阪府下、どこでも大阪弁が一緒で、大阪弁の平準化が進んでいることがだまされる背景にあると考えられるとのことであった。

「知らんけど」を使ったポスター

さて、令和4年度に採用されたポスターは次頁のとおりである。このポスターを作成したのは大阪市城東区に本社を置く（株）ブンカである。城東区の広報誌、東成区のＳＮＳや冊子も手掛けている。2022年8月に担当者である、澤谷大介氏（営業部企画制作課チーフディレクター）、田中大夢氏（営業部）、久保田圭子氏（営業部企画制作課デザイン担当）

「オカン」にまつわる大阪ギャグ

にお話を伺うことができた。

最初は「大阪らしさとは何か」、「コテコテ」、「大阪あるあるって何やろ？」から出発したという。最終的には「アンタのこと、迎えに来たで。」となったのだが、「アンタ」とは「おかんのことば」ということでカタカナ表記にし、おかんが言っているシチュエーションにしたという。警官が家を開けているバージョンもあったが、「これはやばいやろ」ということになったという。

企画書には「パトカーのサイレンが聞こえる度に〝オカン〟に言われる、おなじみの大阪ギャグと、警察の採用活動を掛けました。親しまれたフレーズで大阪らしさを伝え、受験者の共感を誘います」、「パトカーのサイレンとキャッチコピーを絡めて、有望な志願者を大阪府警が心より望んでいる意図を伝えます。キャッチは大きく動きをつけ、インパクトだけでなく緊張感や訴えている様子も表現しました。シリアスなビジュアルとコテコテの大阪ギャグで、大阪府警の採用ポスターらしいギャップを生み出します」とあった。

当初、田中氏の企画書を読んでも広島県出身の澤谷氏には理解できず、大阪出身の田中氏の説明を受けて、初めて大阪における「パトカーとおかん」の関係性を理解したという。

字の並びを斜めにしたのは迫力を出すためで、ポスターを見る人の視野を考えたとのことだった。文字の大小は全て同じ大きさだと単純になるので、どこを見せたいかメリハリをつけるためであった。パトカーについて「なぜわざわざランプがツルっとしている、古いパトカーにしたんですか？　新しいパトカーにしてほしかった」と春に採用担当の引継者に言われたという。

背景は大阪の家だったのが、大阪府警察本部庁舎になったが、これは府警の要望であった。最初は昼間だったが、大阪府警のツイッター（現X）のアイコンである夜の庁舎の写真を提供されたという。「採用R４」については、「パトカーなので触ったらあかんやろ」と思っていたがクライエントから提案してきた。細部にまで意見が出され、こだわりの強さを感じたということであった。

朝日新聞デジタル２０２２年６月１日付「パトカーの赤色灯で『迎えに来たで』」には府警担当者のコメントが紹介されている。「前作はシュッとしていたのに、今度はコテコ

「自分＝あなた」の大阪弁

注目の「知らんけど」

テだと思われるかもしれませんが」、「求める人材の振り幅が大きいということです」とある。

令和3年度に採用されたポスターは女の子が「なぁ、知ってる？　大阪府警めっちゃ色々すごいねんで！　知らんけど。」と言っているものである。昨今注目を浴びている大阪弁「知らんけど」をキャッチコピーとして採用している。

同じく令和3年度には警察犬が大阪弁で「自分、骨あるん？」と呼び掛けている。「自分」は相手に使う「あなた」という意味の大阪弁らしい大阪弁である。大阪府警ではなぜこのような、思わず笑いたくなる大阪弁ポスターが採用されているのであろうか。

令和4年度の例であるが、前掲のブンカによると、1社につき3案出せるという。2案出して2案とも一次審査を通過し、1案は28作品中2位通過であり、最終的に1位で一つが採択されたという（地方公共団体の公募は結果しかわからないが、大阪府警は順位までわかる）。

二次では10作品中1位に逆転して採用されたとのことだった。選ぶ人間が違うので時の運も左右するらしい。コロナ禍でプレゼンテーション審査は一次、二次ともここ2年間中止され、全て書類審査であった。採用ポスターには「スマート」パターンと「コテコテ」パターンがあり、結果的に「コテコテ」パターンが選ばれた。意識して「コテコテ」を狙ったわけではないというが、「コテコテ」が選ばれやすい風土があるのではないか、ということであった。

ただ採用されても利益は少なく（28万円）、落ちたら一銭も入ってこない。採用ターゲットである高校生いわゆるZ世代向けを意識し、興味を抱いてSNSでバズってくれたら嬉しいと思っていて、教育機関、職員室の外に貼っていることを想定しながら創作した。「アンタのこと、……」は高校生を対象とする第2回後期募集に使用された。必ずウケる、反応するはずという読みがあったということだった。全国規模で各地から大阪府警を受験しに来るので、ターゲット対象は幅広い。生駒山上遊園地は奈良県との境界だが、枚《ひら》岡《おか》警察署の管轄なので、大阪府警採用ポスターが奈良県側にも貼られていたという。

過去に2回採択経験のある他の広告会社の代表者にも聞くと、およそ次のような話であった。

大阪府警の採用ポスターはユニークなものが多く、広告業界の各賞で表彰されていました。自身がもともと大阪出身ということもあり、学生時代からいつか大阪府警のポスターを制作したいという思いを持っていました。

応募については十数社が説明会に参加し、各社3案まで提出が可能です。最終的に2案が選出され、その年度の前期・後期に掲出されます。

正直なところ収入的な魅力はありません。にもかかわらず、電通やリクルートをはじめ、大手も参加し、しかもエース級のクリエイターがチャレンジするのは、交番や駅など大阪府内中で露出が高く、実績として箔《はく》をつけられるからです。デザイナーの勉強になる機会でもあります。

評価については、項目を設定し、点数の総合点が算出されます。単にユニークなだけでは通らず、採用担当や役職者だけではなく、庁舎内に掲示され、一般署員の声も聞いていているとのことでした。

官公庁のポスターは表現でエッジを利かせづらいのが通常です。総合点評価であり、好き嫌いの評価が分かれ、また体裁的なリスクを加味され、可も不可もない表現になりがちです。各都道府県の警察官募集ポスターも基本同様です。しかし、大阪府警はそのなかでもユニークさを意識しています。大阪にお笑い的な文化があるからかもわかりませんが、それは過去にそれで目立ったという歴史（平成26年度「草食系より大阪府警。」、平成25年度「何でも聞いてや。」）があって、ポスターの選定意識で脈々と受け継がれているのもあるかもわかりません。他府県の採用担当からも評判で、しばしば表現に関してメディアでとりあげられたり、SNSで評判になったりと、大阪の採用担当にもその期待に応えつづける意識があるように感じられます。それは最初のオリエンテーションや、採択・掲出後にリクナビLINEで大阪府警ブースにご挨拶で伺った際の、採用担当の方とのやり取りでそういったお話を聴きました。

制作者としてはユニークさ（面白さ・新奇性）は意識しながらも、単にユニークで終わらず、きちんと求人広告として機能性やメディアの特性を踏まえたコミュニケーションスピードの速さなど、求人広告としての理知的なコミュニケーション設計を意識しました。

「行くぞっ！　チカラの見せ所や!!」

令和4年度の阪神タイガースのスローガン「イチにカケル！」を提案して採用され、大阪府警ポスターにも実績を持つ（株）REALWORKSの平野裕也氏（代表取締役）、三橋祐貴氏（チーフデザイナー）にもお話を伺う機会があった（2022年8月）。

会社として初めてエントリーしたのは平成26年度だったという。コンセプト通りにまじめに応募し、キャッチコピーは「あこがれの職業　大阪府警で働きませんか。」であった。結果は点数が低く一次通過もできなかった。息子さんに仮面ライダーの格好をさせたことも実らなかった。

その後、採用されたポスターを見て「これは何や!?」と驚いたらしい。この年の採用ポスターは柔道着をはだけた男性を背景にした「草食系より大阪府警。」であった。

この時の教訓を踏まえて、2回目平成27年度にも再チャレンジする。今度は「振り切った」方向へ舵を切り「取調室ではカツ丼は食べていません」と打って出たが、再び不採択であった。

そして捲土《けんど》重来《ちょうらい》、平成28年度、3度目の挑戦で見事1位となったのである。それが

3度目の挑戦での採用ポスター

伝説的名作ポスター

「行くぞっ！　チカラの見せ所や!!」という助詞「や」の大阪弁を使った上のポスターである。

　3回のチャレンジを経て「ほのかに採用を匂わせて笑わせること。インパクトと面白さが必要であること」がわかったという。一次では3案とも通過でき、採用ポスターは一次では2位通過で、最終的に晴れて1位になった。一次では質疑応答を含めた15分のプレゼンテーションがあり、一次の結果は二次には引き継がれない。一次では大阪府警の若手が付箋で投票する、ということを聞いたことがあるという。15社×3つ＝45作品程度エントリーがあり、二次では3社へ絞られる。

　ただ、最初のキャッチコピーは大阪弁を使

雑誌風ポスター

ってはいたが、「おまえやったら、追いつけるやろ！」という表現であった。採用後、このキャッチコピーには「今の警察官が頼りないと思われる」という批判があって、結局変更となり、最終的に「行くぞっ！　チカラの見せ所や!!」になったということであった。

「撮影場所は自分がよく通っていた大阪府松原市の抜け道でした。直観でここや！と。道路使用許可の時間制限があり、30～40分で撮影は終了しました。泥棒のモデルをやった三橋が一番しんどかったと思いますね。一旦左足を上げた状態で止まってずっと同じ格好していましたから。何度も撮り直しました。泥棒が背負う唐草模様の風呂敷包みが見つからずに苦労しました。この年は応募者が急増したらしいですから、貢献できたと思います」とは平野氏の弁である。その後、兵庫県警からもオファーがあったという。

令和元年度に採用されたポスターは雑誌が「コンセプト」であった。キャッチコピーの一つは「制服にはかっこよくなる魔法がある！」であった。大阪府警を「サラリーマン」

から見ると面白いと気づき、街中で「警察雑誌できたん？」と思わせるように「会社」としての視点から見た魅力を、雑誌風に表現したのである。

確かに「企業」として見た場合、大阪府警は「2万3000人が働いている規格外の企業」であり「1年目から2年目へ大卒なら10万円アップし、27歳で30万円越え」という昇給のしくみを持ち、さらに「給与が下がることがない」のは「企業」として「異例」である。「30代で家持っているNo.1」、「保険契約スッと通るNo.1」、「ローン通るNo.1」などさまざまなアイデアが出たが、この時は「金のこと、前面に出すな！」という注文がついたという。

面白いポスターは目指すものの「あまり振られると困る、安心できる方向でやってほしい」というのが本音のようである。他には「ブラックからホワイトへ（潔白）履歴書〜息子が警察にお世話になってます。」というキャッチコピーであった。

「このボール、守り切れてるか？　守れてないやろ」

令和2年度に「大阪らしさ」を全開して、三橋氏が担当して採用されたポスターが、通天閣を背景に警察官がフリーキックを阻止しようとサッカーのヘディングで大阪の街を守

守れてる？と突っ込まれたポスター

っている写真である。

　守る姿を見せられるポスターとして生まれたが、府警担当者からは「このボール、守り切れてるか？　守れてないやろ」と批評されたという。確かにボールは頭上を通過しそうである。背景は当初、大阪城に通天閣だったが、やりすぎだというクレームが入り、通天閣のみの背景となったという。ボールの位置はここくらいとイメージを指示して、大阪城近くにある大阪府警本部の前で一人ずつジャンプしてもらい撮影し、後で高さを調整して出来上がった。

　ちなみにポスターモデルの警察官は全て現役である。三橋氏によると、プレゼンテーションの場所は大阪府警内の壇のある部屋で、一社ずつ発表。ピリピリとしていて笑いは全くなく、犯人を見るような目だったという。「それで採用人数集まるんか？」、「右手でないとだめなんか？」、「字の傾きは意味あるのか？」、「なぜ通天閣なのか？」などの質問があり、試験官は男性10名くらいであったという。採用後の打ち合わせはフレンドリーになるらしい。

応募した経験として言えることは「コンセプト通りだと通過しない。インパクトと興味がキーワード。インパクトとまじめの振り幅がある。まじめだと点数はついても上位にはいかない。『守る』より『尖っている』方が良く、『守り』より、笑いを取る攻めが大事」ということである。なお表記の工夫については平野氏より次の回答を頂いた。

「！（びっくり）マークについては、そんなに深い意味はございません。カタカナに関しては、そのデザインに合わせて力づよく見えるとか、見えにくいなどによって表記は変えています。『力』だったら、カタカナの『カ』に見えるのではないか、ということは考えました。ナニワも『浪速』と画数が多いので、すごく読みづらいという部分も考慮してあえてカタカナ表記にしておりますね」

整理すると、当時の採用過程は次のようになる。

①一次審査（書類審査）1社3案まで提出できる。
②一次通過　10作品が選定される（一次の結果は二次には引き継がれない）。
③二次審査（プレゼンテーション15分または書類審査。場所は大阪府警本部）。

④最終的に2作品（募集前期・後期）が最優秀提案作品として選定される。審査結果は順位も含めて公表される。府警職員による投票と総合審査で選ばれるようである。

審査基準（ポスター）の書類を見ると、「企画書」・「企画提案作品」・「価格（見積書）」の審査項目があり、「企画書」（点数20点）には「コンセプト」とあって「仕様書で示した『大阪府警察官募集ポスター』の趣意を理解した上での提案で、コンセプトが明確に示されていること」とある。「企画提案作品」は「デザイン」（親しみやすく興味関心を引きつけるインパクトがあり、全体的にバランスのとれたデザインとなっていること）（40点）、「キャッチコピー」（興味を持たせ、心に訴えるキャッチコピーになっていること）（20点）、「オリジナル」（他に類のない独創的なものであること）（15点）の3項目からなっている。

価格（見積書）は「制作予定額」（制作予定額が上限価格を下回る提案であること）（5点）で合計100点になっている。「オリジナル」、「親しみやすく興味関心を引きつけるインパクトがあり」、「興味を持たせ」、「他に類のない独創的なもの」といった文言が、大阪府警の採用基準の特徴であるといえよう。

ちなみに、岐阜県警の審査基準は次のとおりである。

（企画力）キャッチコピーとデザインの双方について企画力が優れているか。

（デザイン力）見る者に印象が強く残るか。

キャッチコピーとの整合性が保たれているか。

警察が作成するものとして品位のあるデザインか。

（訴求力）若者の感性に訴え、岐阜県警察で働く「魅力」を強くアピールできるものとなっているか。


「興味関心」、「オリジナル」、「独創的」などといった文言はどこにもなく、逆に「品位」という大阪府警には見られない文言がある。

ユニークな大阪弁ポスターが生まれる背景には、大阪府ならではの採用基準があると考えられる。

大阪府警の笑いの系譜

ここでキャッチコピー（以下「コピー」と称す）の系譜を振り返りながら、いつから大阪弁を使ったユニークなポスターが生れてきたか、その背景を探ってみよう。コピーの系譜はホームページ（https://www.police.pref.osaka.lg.jp/saiyo/keisatsukan_saiyo/4/8193.html）で確認することができる。

これを見ると、１９６５年（昭和40）～１９７３年（昭和48）までは「写真の時代」と名付けられる。１９７４年（昭和49）～１９９１年（平成３）までは「素人の時代」だといえよう。またこの期間には「男なら。」（１９７５年）、「男の生き方が始まる。」（１９８０年）、「男の、手ごたえ。」（１９８４年）と、今の時代ならジェンダー的に問題視されそうなコピーが散見される。１９８７年からは関西国際空港が着工されるが、それに合わせるかのように、翌１９８８年には英語の「OSAKA PREFECTURAL POLICE」という横文字コピーが登場する。

１９９１年までを「素人の時代」と名付けるには理由がある。１９９２年からはコピーのことばの装いが、それまでと明らかに異なるのである。１９９２年には「あの時、なんで、おまわりさんになりたかったのだろう？」という25字以上のコピーが登場する。この年は大阪市オリンピック開催問題研究会が設置され、大阪市が真剣にオリンピック誘致に取り組み始めた年でもある。また「ＯＳＡＫＡ咲《さ》ＡＫＡＳＯ」というキャンペーンが行なわれ、その一環として大阪弁のイメージアップのために著名な文化人が大阪弁を一つ取り上げ、簡単なエッセイとともに紹介する大阪弁ポスターが作られた。それらが大阪と東京の地下鉄に張り出された年でもあった。

そして1993年に初の大阪弁コピーが登場する。「大阪好きやからみんなで守ってます。」である。共通語でいうと「大阪好きだからみんなで守っています」になる。「だ」が「や」になり、「い」一字が抜けた省略された表現であるが、方言的な表現であることは間違いない。

それが1994年には完全な話しことばの大阪弁コピー「ワルのゴールシュートはキーパーにまかしとき!!」となる。同時にこの年のもう一つのコピーは「BIG STAGE & INTERNATIONAL STAGE」と完全英語コピーで、ローカルとグローバル双方の異なるコピーが登場している。この年は大阪市議会がオリンピック招致を決定し、関西国際空港が開港した年であった。大阪色を全面に出し、国際化にも対応したコピーだといえよう。

翌年にはオリンピック招致宣言を出し、第7回APEC首脳会議が大阪で開かれ、東京以上に大阪が日本で注目を浴びる年になった。その後、順調にオリンピック正式立候補、

IOC正式選定となり、オリンピック招致推進部を市長室から独立させ招致局に格上げとなるのが1998年である。この年のコピーは大阪の勢いを象徴するかのようにメディアの注目を集める。35字以上のコピーが登場したのである。警察手帳をデザインに「試験会場まで、ご同行願います。なお、試験会場では能力の秘匿は認められません。」というユーモアたっぷりのコピーであった。

招致委員会が組織され、世界新体操選手権が開催された1999年は大阪のおばちゃんが笑いながら「あんたがおまわりさんになったらそれこそ大事件やねぇ。」というコピーであった。

だが、2001年に北京が正式決定されると、キャッチコピーはシンプル化する。2001年「VS大阪府警」、2002年「POLICE」である。

2004年に「ほんまはな、おかあちゃんも、おとうちゃんもぼくが守りたいねん。」という大阪弁コピーが生まれ、その後、拡声器を使って呼びかけるデザインで「そこの優秀な若者に告ぐ。そんなところに隠れてないで、出てきなさい！」というユーモア溢れるコピーが2010年に現れ、その後は継続してユーモアコピーが生み出されていく。

その後の大阪弁コピーは「ごめんですんだら警察いらんわ!!」（2011年）、「何でも

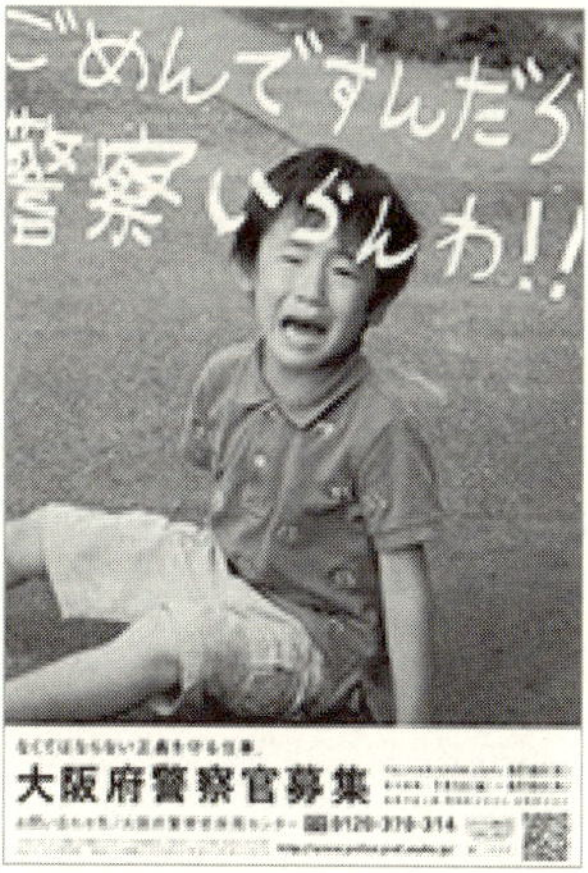

大阪弁と子どもの組み合わせが絶妙

聞いてや。頼る人から守る人に……」（2013年）、2014年の「草食系より大阪府警。」を挟んで「行くぞっ！　チカラの見せ所や!!」（2016年）、「なあ、知ってる？　大阪府警めっちゃ色々すごいねんで！　知らんけど。」、「自分、骨あるん？」（2021年）、「アンタのこと、迎えに来たで。」（2022年）、若者語の「大阪府警しか勝たん」（2023年）、たこ焼きデザインの「熱っついの、求む。」（2024年）へと続いていく。

1965年以降、大阪弁のキャッチコピーの採用ポスターが11作品存在し、そのうち5作品がここ10年間で採用されていることを考えると、大阪弁が大阪府警採用ポスターの言語景観の特徴として挙げられるであろう。くすっと笑わせる手段に使われる点に大阪らしさがあるといえる。

2021年版パンフに「がんばらんば」という長崎弁を使った採用ポスターを作成した長崎県警本部警務課採用係に、2022年8月に電話で話を聞いた。

「長崎弁使用は警察内のアイデアで大阪府警

の影響ではないが、大阪府警のポスターは毎年注目している。関東や関西からのUターン組など受験生はほぼ長崎県出身で受験生に刺さるようなコピーを考えており、応募人数もアップした。県民目線を重視し、県民（守る対象）に対して社会的役割を負うゆえ、『がんばらんば』には『私たちは県民を守ってますよ』という県民のかたへの安心メッセージを込めている。2年周期でキャッチコピーを変えており、五島警察署では『カギかけんばあんなかよ！』というコピーを使っている。長崎の特色を県民に伝えたい、組織としてのメッセージでもあり、ＹｏｕＴｕｂｅでも配信している」ということであったが、そこには「笑い」は意識されていない。

「や」に親しみを込めたポスター

日常的な表現を用いて、文化として定着

大阪府警の警察官募集ポスターは、「写真の時代」、「素人の時代」を経て、１９９０年

代から大阪弁を使った採用募集のキャッチコピーが現れるようになったこと、大阪特有の現象であることが明らかになった。

最後にその背景事情について分析してみよう。1980年代は共通語化が行き渡った時代といわれ、その時代以降、方言は付加価値をつける手段、楽しむ対象となった社会の流れがあると考えられる。そこに関西国際空港の開港、大阪市のオリンピック誘致など国際化へ向けた施策を受けて、警備体制強化や優秀な警察官の採用が喫緊の課題となった。その動きは採用募集のキャッチコピーの変化にも表れている。おそらくこの頃から外部委託が行なわれたと考えられる。

印刷業界の動きも無視できない。1990年代半ばを境に業界では、ポスター制作のデジタル化が進展するようになるのである。それまでは「切った張ったの世界」であったが、（色など）指定原稿を出力センターに持参するようになり、グラフィックからコピーを考える場合も起こってきたのである。

また大阪には吉本興業という日本のエンターティナー業界を牽引する企業本社があるなど、（お）笑い文化の土壌があることも見逃せない。大阪府警が吉本興業とタイアップして、詐欺防止のポスター制作など犯罪防止の啓発を行なってきたことは冒頭に述べたとおりである。笑いを「是《ぜ》」とする文化ゆえに、「興味関心」など「笑い」につながっていくような独自の審査基準が設定されているのであろう（設定できる、といったほうが良いかもしれない）。審査基準の文言が大阪弁を使った面白い採用ポスターを生み出す背景要因となっている。「他に類のない独創的なもの」という基準からも、ユニークさを意識して、期待に応えようという大阪府警（職員）の意識が反映されやすくなっているといえる。若手職員の嗜好（志向）や感覚が反映される選考過程の透明さも大きい。

どの業界も人手不足が問題となっているが、「警察業界」でも同様である。採用ポスターを募集人員確保の重要手段として差別化する必要性を感じているのだろう。笑いをベースにしつつ、時代に合った笑いということで、Z世代を意識してSNSで「バズる」ことや「映える」ことを重視する姿勢になっている。さらにこれだけ毎年メディアに注目されることにより、反響効果も大きく、他の自治体よりもポスター採用を巡って激しい競争が生まれる。その競争率が採用ポスターの「質の高さ」につながっている面も否めない。

大阪文化に造詣が深い木津川計氏は「都市格」という概念を掲げ、「大阪は壊しながらの開発」がされてきた都市で、外から期待される像に応えすぎていると、批判している（木津川計２００８『都市格と文化』自治体研究社）。しかし、大阪府警の大阪弁などでユーモアを感じさせる採用ポスターからは、大阪府民以外も意識しながら、外から期待される大阪像を反映しようという演出が感じられる。

第2章で紹介するひらパー（ひらかたパーク）の大阪弁が、今となっては使われない「文化としての大阪弁」の使用に特徴があるのに比して、大阪府警の大阪弁は「日常としての大阪弁」の使用に特徴があるといえる。大阪府警の、大阪の誰もが使う日常的な大阪弁を活かした採用ポスターは、大阪の笑いや言語景観の代表的な「文化」として定着したといっても過言ではないだろう（「公共空間で目にする書きことば」は「言語景観（linguistic landscape）」［庄司博史、P・バックハウス、F・クルマス編著、2009『日本の言語景観』三元社］と言われる。方言の場合は「方言景観」と呼んでよいだろう）。

大阪府警の採用ポスターはすばらしい「言語文化」であり、これからも斬新な大阪弁コピーが誕生することを期待したい。

大阪府警の採用ポスター キャッチコピーの系譜

年	キャッチコピー	備考（オリンピック関連など）
2024年（令和6）	○熱っついの、求む。 ○職業、警察官。	○大阪弁的表現（たこ焼き）
2023年（令和5）	○大阪府警しか勝たん ○正義、始動。	○若者語を使用
2022年（令和4）	○アンタのこと、迎えに来たで。 ○進め、未来の警察官	○大阪弁使用（パトカー利用）
2021年（令和3）	○なあ、知ってる？　大阪府警めっちゃ色々すごいねんて！　知らんけど。 ○自分、骨あるん？	○大阪弁使用（幼い女の子） ○警察犬の写真
2020年（令和2）	○壁となれ！　共に守ろう！　ナニワのフィード!!	○サッカーをモチーフ
2019年（令和元・平成31）	○大阪を守る、という生き方がある。 ○大阪の街は俺達が守る！	○「大阪の街～」のほうは雑誌風

2018年（平成30）	○問　警察官に必要な資質を選びなさい。 知力　体力　勇敢　細心　体力　情熱	○試験問題風
2017年（平成29）	○求める人物像です	○警察の帽子を被った子どもがミニカーにのり、空き缶ポイ捨てを注意する写真
2016年（平成28）	○行くぞっ！　チカラの見せ所や!!	○大阪弁使用（唐草模様の風呂敷を持つ泥棒を追跡）
2015年（平成27）	○正義のヒーローになりたい ○至急大阪府警に応援を！	○子どもの習字 ○ユーモア的
2014年（平成26）	○草食系より大阪府警。 ○本気　思っている程、カッコよくない。思っている以上に辛く厳しい。だけど府民を守るため。	○笑いをとるコピー（柔道着） ○漢字2字のコピー
2013年（平成25）	○何でも聞いてや。頼る人から守る人に…… ○本日の事件、0件	○KOBANの文字　大阪弁使用
2012年（平成24）	○何かあったとき、何かできる職業は、意外と少ない。 ○絆	
2011年（平成23）	○ごめんですんだら警察いらんわ!! ○現実は厳しかった。でもやりがいがある	○大阪弁使用（子どもが泣いている）
2010年（平成22）	○そこの優秀な若者に告ぐ。そんなところに隠れてないで出てきなさい！ ○正義感　揺るぎないその思い	○ユーモア的コピー（拡声器で）

2009年（平成21）	○アツくて悪いか!?　大阪府警 ○正義の紋章を受ける者。それは、選ばれし340人。	
2008年（平成20）	○求ム!!　正義官　熱血官　使命官 しかし諸君！「官」なる責任は、重い。	
2007年（平成19）	○見てみぬフリか、それとも警察官か。 ○変わらぬ想い	
2006年（平成18）	○警察官は一日ではなれない。 ○「心・技・体」そして強い人になる。	
2005年（平成17）	○ Professional ○貢献する。しかし、賞賛を期待しないという生き方。	
2004年（平成16）	○ほんまはな、おかあちゃんも、おとうちゃんもぼくが守りたいねん。 ○初心。	○大阪弁使用
2003年（平成15）	○半端じゃ、できない。 ○戦う公務員。	
2002年（平成14）	○POLICE ○この街のために、この人のために。その覚悟ありますか。	
2001年（平成13）	○VS大阪府警	○2008年北京に決定
2000年（平成12）	○PRIDE	

1999年（平成11）	○あんたがおまわりさんになったらそれこそ大事件やねぇ。 ○「つらいなら、笑え。」と、ヤマさんは言った。 ○「盗め、教わるな。」と、ヤマさんは言った。 ○ヤマさんに、なろう。	○（大阪のおばちゃんが笑いながら）大阪弁で笑いをとるコピー ○招致委員会組織 ○大阪で世界新体操選手権開催
1998年（平成10）	○犯人へ、 ○試験会場まで、同行願います。なお、試験会場では能力の秘匿は認められません。	○35字以上のコピー登場 ○メディアで注目される（警察手帳） ○招致推進部を招致局へ格上げ
1997年（平成9）	○テレビでは、ルパンが逃げてもよろこべる。 ○なにっ。 ○ほおー。 ○あれっ。	○IOC正式選定
1996年（平成8）	○ちかごろの犯人は頭がいい。 ○もっと、望み高く。 ○やりがい　大阪府警　かのうせい（地下鉄御堂筋線の駅名表示モチーフ）	○オリンピック正式立候補
1995年（平成7）	○見上げた青空に何を描きますか。 ○大阪府警！	○オリンピック招致宣言（招致推進部設置） ○大阪で第7回APEC首脳会議開催
1994年（平成6）	○ワルのゴールシュートはキーパーにまかしとき!! ○BIG　STAGE　&　INTERNATIONAL STAGE	○「ユーモア」および大阪弁&話し言葉コピーの登場（イラスト） ○大阪市議会、オリンピック招致決定決議 ○関西国際空港開港

1993年（平成5）	○大阪好きやからみんなで守ってます。 ○ビッグステージ大阪　ここに私達がいます。	○初の大阪弁使用？
1992年（平成4）	○あの時、なんで、おまわりさんになりたかったのだろう？ ○新しい風を未来に。ＯＳＡＫＡ　ＰＯＬＩＣＥ	○25字以上のコピー登場。 ○大阪市オリンピック開催問題研究会設置
1991年（平成3）	○好きです大阪　燃えます青春 ○熱い思いはあるか、	
1990年（平成2）	○21世紀を見つめる目 ○新時代への挑戦	
1989年（平成元）	○君も国際派!! ○君の道は、情熱の道。 ○(写真だけ)	
1988年（昭和63）	○テイクオフ！　捜査最前線!! ○ＯＳＡＫＡ　ＰＲＥＦＥＣＴＵＲＡＬ　ＰＯＬＩＣＥ ○(写真だけ)	○英語（横文字）の初採用
1987年（昭和62）	○明るいなにわの町を君の手で！ ○おはよう、今日もお元気で。	
1986年（昭和61）	○いま、燃える瞬間！ ○この道、手応えあり。	
1985年（昭和60）	○駆けろ、明日へ。	

1984年（昭和59）	○男の、手ごたえ。 ○この町が、好き。 ○街の、みんなのパートナー。 ○今日も、頼むぞ。	○ジェンダー的に問題のあるコピーはこの時代まで
1983年（昭和58）	○21世紀へ、さわやかコミュニケーション。 ○走った距離が青春だ。	
1982年（昭和57）	○街のナイス・キーパー。 ○子どものころからの夢だった。 ○星をつかめ。 ○（写真のみ・白バイ）	
1981年（昭和56）	○街のエースさん。 ○いま、この充実感。 ○今日から、よろしく…… ○凛々しくスタート	
1980年（昭和55）	○男の生き方が始まる。 ○青春を翔る！ ○青春初出動。 ○情熱をうちこめ！	
1979年（昭和54）	○気分上々。 ○大阪を守る。 ○ふれあいのある街に ○ひたむきな情熱を、いま…	

1978年（昭和53）	○大阪を守る　生きがいをこの職場に	
1977年（昭和52）	○イヨッ、人気者。～生きがいをこの職場に～ ○フレッシュおおさか	
1976年（昭和51）	○おなまえは？　どこからきたの？ ○(写真のみ)	
1975年（昭和50）	○男なら。 ○(写真のみ)　2種類	
1974年（昭和49）	○みんなが暮らす　町だから。 ○(写真のみ)　2種類	○初のキャッチコピー登場
1973年（昭和48）～1970（昭和45）	○写真のみ（2～3種類）	
1969年（昭和44）	○絵のみ（2種類）	
1968年（昭和43）～1965（昭和40）	○写真のみ（1～2種類）	

「知らんけど」考

東京のある放送局から、正月明けの番組で大阪弁を取り上げたいのだが協力頂けないか、と大学の広報を通じて打診があった。時々見る番組だったのでどういう内容なのだろうと、電話で詳しく訊くと「知らんけど」を採り上げたいという。その東京出身の番組担当者が言うには、東京でいう「知らんけど」は大阪の「知らんけど」と使い方が違うようだが、そのことについて話を聞きたいという。

話を聞きながら「今さら」と思った。「知らんけど」については既にＮＨＫ大阪放送局が、日本語学の金水敏《きんすいさとし》氏（放送大学大阪学習センター所長）などに取材して放送済みである（ＮＨＫ大阪「『知らんけど』って言うのなんでなん？」『ほっと関西』のコーナー「ｎａｎでｎａｎ？」）。

金水氏は、もともとは『よう知らんけど』という形が短くなって『知らんけど』という形になったと思われること、商人の都市としての歴史的土壌があったこと、話をする時に、「知らない」ことを付け足しの意味で話すというのが関西の使い方である、と述べている。大阪の天神橋筋商店街でインタビューを受ける人の回答では「責任逃れ」、「自信ない時」という答えが共通して見られた。

朝日新聞2022年12月10日付「耕論『使ってる? 知らんけど』」という特集があり、そこで神戸市出身の作家・岸田奈美氏が「関西では当たり前すぎる言葉」であって「しゃべり過ぎちゃったな」とか「偉そうなこと言っちゃったな」とか感じた時に、「会話をニュートラルな状態に戻してくれる言葉」だと話している。

金水氏や岸田氏の説明は大阪出身の筆者にも納得がいく。大阪出身の演芸作家である故三田純市氏は大阪人の本質は「含羞《がんしゅう》」にあると述べている。大阪での「知らんけど」は、ボケ・ツッコミの会話がベースにある「責任逃れ」の「落ち」のことばであり、場面によってはあまり根拠もないのに偉そうにしゃべり過ぎている自分を客観視して、岸田氏のいうように、偉そうに言い過ぎた自分を恥ずかしく思う気持ちも込められる含羞のことばであると筆者も考えている。

したがって前掲の朝日新聞に「間違いを許さぬ社会」という見出しで掲載された、哲学研究者の永井玲《れい》衣氏のコメントは、読んで思わず笑ってしまった。永井氏がコメントの最後に「間違っちゃいけないと思わせる社会では、『知らんけど』を使わざるを得ません。それが、とてもさみしいです」と述べていたからである。

永井さんへ。「大阪人はしゃべってなんぼ、しゃべるんは無料《ただ》、人を楽しませるのに、話を盛るのは当たり前。話している内容に間違いがあっても笑いに変えます。そんな深刻なことを考えて大阪では使ってへんで」。

大阪の土壌で生まれ育ったのに、ことばの「切り花」だけ取っていって東京の土に植えたら、咲く花が違ってくるのは当たり前。そんな当たり前のことしか結論に出なかったので、出演はお断りした。その後、どうなったんか、知らんけど。

「させていただきます」と大阪

「させていただきます」は個人的に非常に違和感のあることばである。昨今はやたらと、どんな場面でも使われ辟易《へきえき》しているので、学生にも国語科教員を志す者として安易に使うべきではない、と指導する（筆者のような者は「させていただく警察」と呼ぶらしい）。

文部科学省文化審議会の「敬語の指針」（２００７年）では「相手側又は第三者の許可を受けて行い、そのことで恩恵を受けるという事実や気持ちのある場合に使われる」とされる。『「させていただく」大研究』（くろしお出版、２０２２年）の編著者である椎名美智氏によると、違和感を覚える理由は、聞き手が得するのに、「私」が「いただく」を使うところらしいが、筆者が違和感を抱くのもその点であった。

筆者も執筆に加わった真田信治監修『関西弁事典』（ひつじ書房、２０１８年）には、中井精一氏による「宗教と関西弁」という項目（３１１〜３１４ページ）があり、「させていただきます」は、浄土真宗が盛んな地域でよく耳にする関西弁の一つとして紹介されている（ちなみに筆者の研究室は西本願寺の敷地内の龍谷大学大宮キャンパスの一角にある）。『「させていただく」大研究』所収の井上史雄「敬語の歴史社会言語学　関西起源のテイタダク」（37〜89ページ）で、井上氏は、「させていただく」が関西、ことに大阪から近代に広がったと見なされるとし、テモラウの後継として、関西起源であると読み取れ、日本語史全体の流れに対応する、と述べている。

西本願寺の宗教記者クラブに属した経験を持つ司馬遼太郎氏は、『街道をゆく』二十四「近江散歩」（朝日新聞出版、１９８４年）において、次のように記している。

真宗の絶対他力の教義が、近江人のことばづかいや物腰を丁寧にしてきた。日本語には、させて頂きます、というふしぎな語法がある。この語法が上方から出た。ちかごろは東京弁にも入りこんで、標準語を混乱（？）させている。（中略）この語法は、浄土真宗（真宗・門徒・本願寺）の教義上から出たもので、他宗には、思想としても、言いまわしとしても無い。真宗においては、すべて阿弥陀如来―他力―によって生かしていただいている。三度の食事も、阿弥陀如来のお蔭でおいしくいただき、家族もろとも息災に過ごさせていただき、ときにはお寺で本山からの説教師の説教を聞かせていただき、途中、用があって帰らせていただき、夜は九時に寝かせていただく。この語法は、絶対他力を想定してしか成立しない。

滋賀県・満徳寺の佐藤義成氏はラジオ放送「東本願寺の時間」（2011年1月）において「させて頂きます」について語っている。その中で伊藤忠初代の伊藤忠兵衛は熱心な真宗門徒で、「仏さんの前で開けられんような帳面はつけるな」、「他の全てを失っても、本当の念仏の味、有難さは忘れることのないように」と話しており、「近江商人は、売り手と買い手との間に、仏さんを位置づけて、お商売は仏さんにさせて頂く、品物は仏さんを通じてお客さんに渡り、お代はお客さんから仏さんを通じて頂くと考えていた」ことを聞いた話として紹介している。

築地本願寺の公式の「ｎｏｔｅ」に、「『させていただく』という日本語について、仏教の視点から真面目に考えてみた」が掲載されている。その中で満井《みつい》秀城《しゅうじょう》・浄土真宗本願寺派総合研究所所長の見解として「類似した表現で『いたします』がありますが、謙譲を表すだけであればこれでいいので、『させていただく』というのが誤用だという考え方も言う人がいます。しかし『いたします』は主語が『私』になるんですよね。『私』がしますというのを謙譲はしていますが、真宗のみ教えをいただく場合は、他力を申しますから、主体は、しているのは『私』だけども、根本的な主体は、『阿弥陀仏の本願力、お手回し』によるんだという言い方が『させていただく』という言い方になっている」と述べる。

窪田和美氏の『近江商人の生活態度　家訓・倫理・信仰』（法藏館、２０２０年）においては、近江という特定の地域から独自の価値観を身につけた商人集団が生まれた過程などに焦点を当てながら、その価値観の背景に浄土真宗があったとされることを実証した内藤莞爾《かんじ》氏の研究成果を紹介しながら批判的に検討している。

大阪の船場《せんば》は近江商人が活躍した場である。そう考えると、大阪と「させていただきます」の結びつきに、ある種の感慨を覚えるとともに、「させていただきます」への筆者の考えも少し変わっていくかもしれないと思っている。

第2章

「ひらパー」の大阪弁戦略

岡田准一、「超ひらパー兄さん」就任へ

「ひらパー」は関西圏以外の人にはピンと来ないことばかもしれない。しかし関西の人間にとっては非常になじみのある遊園地である。南海沿線のみさき公園、阪神沿線の阪神パーク、近鉄沿線のあやめ池遊園地など、かつて関西には私鉄沿線ごとに遊園地があった。軒並み廃止になる中で「ひらパー」は、USJに対抗し得る（というと過言だが）、大阪府枚方市《ひらかた》にある、京阪沿線に今も残る遊園地なのである。

正式名称は「ひらかたパーク」、略して「ひらパー」。前身は1910年（明治43年）開業の香里《こおり》遊園地である。その後、寝屋川市から枚方市に場所を移し、1912年に開業した。株式会社京阪レジャーサービスが運営する、継続して営業する遊園地の中では日本最古の遊園地である。

京阪電車「枚方公園」駅から歩いて5分、園内に入るとすぐ目につくのが「リアル園長資料室」である。ここには「超（スーパー）ひらパー兄さん」園長を務める俳優・岡田准一さんのCM資料が多く飾られている。

岡田ファンと思《おぼ》しき人が訪れ、記念写真を撮っている。ポスターに見入っていると「あ

ひらかたパークのメインゲート

ジェットコースター「レッドファルコン」

なたも岡田君のファンですか?」と声を掛けられたことがある。

「事務所も心広いねえ」

「岡田クン仕事選ばへんなあ、ようやるワ」

この会話は岡田さんの出演映画とそのパロディ版双方のポスターが所狭しと張られている室内で交わされていたものである。岡田さんが園長に就任したのは2014年である。初期の頃のポスターには大阪弁が多く使われている。なぜ岡田さんが大阪ローカルの小さな遊園地の園長に就任することになったのだろうか。その背景には「大阪弁」が関わっている。

岡田さんの前任者である「ひらパー兄さん」は「小杉竜一」(ブラックマヨネーズ)だった。ところで筆者は、ブラックマヨネーズの大ファンである(ミルクボーイも大好きである)。本来なら小杉竜一氏、吉田敬氏と、敬称を付けるべきところだが、親しみを込めて敢えて敬称なしで記したい。

岡田さんの前任者である「ひらパー兄さん」は「小杉竜一」(ブラックマヨネーズ)だった

ひらパー兄さんであるにもかかわらず、ＵＳＪばかり行っている「二股疑惑」が報ぜられ、父親が京阪電車の社員だった相方の吉田敬との間で「兄さん交代」のキャッチフレーズの下、二代目ひらパー兄さんの座を巡って激しい選挙戦が行なわれた。争点は「二股疑惑」だった。結果は小杉が11万７５６７票、吉田が７万76票と、４万票の大差で小杉が圧勝。しかし、小杉に「正直きつい選挙だった。おかげで髪が１１２３本抜けた」と言わしめるくらい激しい選挙戦だった。選挙後に小杉は「実は二股してました」と告白、吉田は「勝った人間の数だけ負けた人間がいる。たまたま俺は負けるために生まれてきただけ」と言い残して夜の街に消えたのであった。

こうして2代目ひらパー兄さんの座に就いた小杉だ

11月23日 火曜日（祝）
2010年（平成22年）
ひらかたパーク

ひらかた新聞

最後の号外

小杉氏、2代目ひらパー兄さんへ。

11・23（いい兄さんの日）に、吉田氏に4万票差以上の圧勝!!

2代目「ひらパー兄さん」の座をかけて[illegible]から激しい選挙戦を繰り広げてきた。この戦いについに決着がついた。[illegible]

逆風の中の選挙戦であったが、現職を支持する[illegible]に支えられ、終わってみれば4万票以上の圧勝で、小杉氏がその[illegible]い人気を証明した。吉田氏は徹底したネガティブキャンペーンや[illegible]を展開、打ったキャンペーンも実らなかった。

「正直きつい選挙だった。おかげで、髪が1123本抜けた。」小杉氏

◎	小杉竜一（現職）	117,567票
	吉田　敬（新人）	70,076票

ひらかたパークは号外で選挙結果を伝えている

ったが、諸行無常、やがて小杉との契約更改の時期が来る。ひらパー側は、決断を迫られていた。ひらパー兄さん就任後、小杉は全国区となりギャラが跳《は》ね上がっていた事情があった。そこで白羽の矢を立てたのが、中学校まで枚方で育った岡田准一さんだった。岡田さんがかねてより故郷・枚方のために何かしたいという思いがあることを聞きつけたひらパー側は、岡田さんを口説くための「新ひらパー兄さんご就任のお願い」と題したラブレターを送る。

このたび、2013年度の新ひらパー兄さんにご就任いただけないかと切に願い、手紙を書かせていただきました。

わたしたちひらかたパークは、いくつかの強い意思を持っています。それは、ひとりでも多くの人にひらかたパークに来てもらい、一生忘れない思い出をつくってもらいたい。100年続いた遊園地から枚方を、枚方から関西を、そして関西から日本を元気にしたい。というものです。

遊園地は地域貢献だけにとどまらない側面をたくさん持っています。思い出をつくる場所であり、人が育つ空間であり、家族をつくっていく場所でもあります。

そして、岡田さんご自身もそうだったと思いますが、子どもたちにとって故郷のような場所にもなります。

枚方で育ち、ひらかたパークで遊んだ思い出をお持ちの、そしてご自身の言葉でひらかたパークを語ることのできる岡田さんだけが、ひらかたパークから日本中を元気にしていけると信じております。

なにとぞよろしくお願いいたします。

この手紙に心を動かされた岡田さんは当時のジャニーズ事務所の会長に掛け合ったという。枚方のことなどわからないのであっさり許可されたらしいが、当時の事務所と正式に契約すると、小杉とは比較にならないほどの金額になってしまう。したがって故郷のために尽くしたいという思いからの「ボランティア」同様の扱いで関わることになった。

2013年3月大阪で開かれたV6（当時）のコンサートで、「超ひらパー兄さん」就任を発表、会場は物凄い絶叫に包まれた。ただ正式名称は、「ひらパー兄さん」ではなく「超（スーパー）ひらパー兄さん」である。「超（スーパー）」ということばには単なる後継ではないという意味付けがあった。当時の岡田さんの事務所が、事務所として「格」を重視したい意向だったため「ひらパー兄さん」に「超」をつけたのであった。事務所としてのプライドからも「ひらパー兄さん」の後継ではなく「超」えていることが大事だったのである。

「おま」という大阪弁戦略

さて、園長に就任してもらった岡田さんをどうCMで起用するか。枚方市出身で郷土愛に溢れる岡田さんに、ボランティアに近い形で事務所から出演の承諾を得たものの、ローカル遊園地と岡田さんのイメージギャップをどう埋めるかが悩み所だった。

ここで採られた戦略が「大阪弁戦略」だったのである。共通語を使う俳優として活躍する岡田さんと、大阪弁は相容れない組み合わせである。

岡田さんは大阪人だが、上京後ことばを矯正されており、大阪弁を話せなくなっていた。低予算でCM出稿量も少ない中どうするか?

広告会社と協議して出た案が、岡田さんに大阪弁をしゃべらせることだった。しかも「一度聞いたら忘れない、誰も使わないが、汎用性があり映画等の番宣でパッとやれる短いことば」という条件を備える必要があった。その結果選ばれたのが大阪弁「おま」だっ

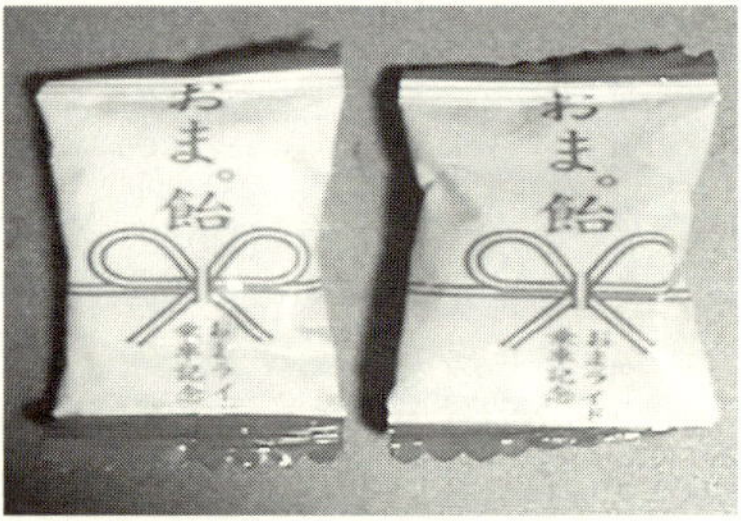

筆者がもらった「おまのど飴」

たのである。両者のギャップをつなぐ媒体が大阪弁だったということになる。前園長の小杉が「わいでおま」と言っても不自然さはない。岡田さんが言うからこそインパクトが生まれる。短い「おま」であれば、大阪弁を話せなくなっていた岡田さんでも話すことができた。大阪弁「おま」がピンチを救ったのである。

こうして、岡田さんは「おま」とともに大阪（枚方）に帰郷したのであった。

ここから大阪弁「おま」旋風が吹き荒れる。「おま」という現在ほとんど使われない大阪弁を言語景観として活かした岡田さんのポスターが次から次へと制作されていったのである。

「ただいま。で**おま。**」、「わいを育てたプール。で**おま**」、「オ…オアシスで…**お…ま…**」、「新園長**おま**フェスト」、「わいで**おま**」、「ひらパーの新アトラクションは、まさかの『**おま**』と叫ぶだけ。絶叫**おま**ライド　**おま**ぁぁぁぁぁぁぁぁぁぁぁ」、「『**おまー！**』と叫んだら　**おま**のど飴プレゼント」、「**おま**バウアー」、「わいで**おま**もりプレゼント」、「**おま**キャノン」……。夏も冬も「おま」が使われた。さらに、「テンションドーンや！」という断定を示す大阪弁の助詞「や」バージョンも作られた。

「おま」は「あります、ございます」の意「おます」が短くなった大阪弁、また「わい」は「私」の意で男性使用の大阪弁である。「おま」も「わい」も今となっては落語でしか聞かれなくなっているような大阪弁だが、ひらがな2字なので、岡田さんも苦労なく話せる大阪弁だったのであろう。

実際に2014年、岡田さんが主役を務めた大河ドラマ『軍師官兵衛』の番組宣伝に際し、テレビで「官兵衛兄さんでおま」と言って、その日のトップツイートにもなったという。

そして就任2年目の2014年、超（スーパー）ひらパー兄さんは勝負に出る。「年間来園者100万人達成できなかったらさようなら」宣言をしたのである。

蓋を開けてみれば「おま」大阪弁戦略による経済効果もあって見事100万人を突破、2015年度「園長延長」が決定した。「延長コード」に身を包む岡田さんが「これからも枚方を明るくするで、おま」と宣言するポスターがめでたく春の京阪沿線を飾ったのであった。しかも、年間パスポート購入者はそれまでは関西圏に限られていたのが、北海道から高知まで広がった。

今も「園長」である岡田さんは、CM制作のため年2回ひらパーに来園するという。その後は「おま」だけでなく「いや、どこやねん!」、「せや!」などの大阪弁も駆使するようになった。大阪弁を取り戻したのであろう。

売れる方言、売れない方言

このひらパーの方言戦略は、今となっては使われない「おま」という大阪弁を「文化」として活用した例である。言語に経済の視点を入れると、ことばには格差があることがわかる。方言は実は平等ではないのである。

井上史雄(2000)『日本語の値段』大修館書店によれば、方言には「売れる方言」と「売れない方言」があり、方言本・方言タレント・方言みやげ・方言ネーミング商品など「……諸方言には標準語・共通語にくらべて、露骨な価値の違いがある。……もっとも細かく見れば各地の方言でまた値段が違う。関西弁は明らかに高値をつける」という。その観点からすると大阪弁はお金になる方言だといえる。

2022年9月24日久しぶりにひらパーを訪ねると、多くの人で賑わっていた。かつて閑古鳥《かんこどり》が鳴いていたひらパーであったが、岡田准一さんに大阪弁をしゃべらせる方言戦略が、経済効果をもたらし、窮地に陥ったひらパーを救った大きな要因の一つだといえるだろう。大阪弁が救ったともいえる。

リアル園長資料室には就任当時創られた「超ひらパー兄さんの歌」の楽譜が飾られている。「春（登場篇）」も「冬（スケート篇）」にも「ふたことめ　には　わいでおま♪」という歌詞がある。ただ、ここ最近の岡田さんはポスターで大阪弁を使っていない。「おま」も「わい」も使わない。

現代社会において、方言は経済的な潤いをもたらす「商品」として活用される傾向がある。一方役目を終えた方言は使い捨てられる。「方言使い捨ての時代」ともいえる。岡田さんが就任当初のように「おま」や「わい」を再び使う日は来るのであろうか。もし使うことがあれば、それはひらパーの危機の再来かもしれない。ひらパーの安泰を考えたら、岡田さんが大阪弁を再び使うことは願わないほうが良いのであろう。そういう意味では大阪弁はピンチの時に登場することばなのかもしれない。

「標準」語はいくつあってもいい

「標準」とは言い換えれば「比較するための目安」。ことばにおいても大阪には大阪の標準がある。「ほかす」（東京標準では「捨てる」）ということばに焦点を当ててみよう。

学生の頃、下宿に遊びに来た友人と弁当を一緒に食べた後「弁当のカラ、ほかしといて」と言ったら、彼はキョトンとして持ったまま。「ほかしといて」が生まれも育ちも横浜の浜っ子に通じないことがわかるまでに時間はかからなかった。どうやら「ほかす」を「保管する」と勘違いしたらしい。

「ほかす」は、江戸時代の方言辞典『物類称呼《ぶつるいしょうこ》』にも紹介されている歴史ある大阪標準のことばである。いつも困ったらお世話になる牧村史陽編（2004）『大阪ことば事典』講談社で調べると「放下す」という漢字があてはまるようだ。

仏教に由来するという説がある。「放下」（ほうげ）という仏教語があり、全ての執着を捨て去る意味だという。『徒然草』にも「諸縁を放下すべき時なり」として出てくる。また室町中期以降、田楽の流れを引く大道芸を行なう男性芸能者のことを「放《ほう》下《か》」と呼び、出家して僧になっている者を「放下僧《ほうかそう》」といった。おそらく「ほうかす」から「ほかす」へ変化していったのであろう。

ある方言学者によると、方言には漢語が多く利用されているが、漢語は本来身分の高い人々の書きことばで、一般の人々に伝わったのは室町時代以降ではないかと推測している。現在、大阪ことばの代表のような話しことば「ほかす」が、かの有名な兼好も文字にしていた書きことばであったということは、都の標準語だった可能性があるわけで、大変興味深い。

ところで、北海道では「ほかす」を「投げる」と言うことを北海道出身の大学時代の友人H君から教わった。以下は実際にH君が東京で経験した彼の友人との会話である。

H君　「そのゴミ投げといてくれ」
友人　「ホントに投げていいのか?」

H君「ああ、いいよ」
友人「本当に投げるぞ!」

大阪には「ほかす」という標準語があり、北海道には「投げる」という標準語がある。至極当たり前なのだが、標準は一つだと思い込んでいる人が多い。たくさんあった方が世の中は面白いのに。方言学の師匠、故真田信治先生から教わったことである。

コラム4

受け継がれるアクセントの規範

「見れる」と「見られる」、「起きれる」と「起きられる」。あなたはどちらを使うだろうか。前者は「ら抜きことば」であるが、大阪では「ら抜き」の方が標準といえるだろう。

2007年冬、千葉の国語科教員のかたがたよりお招きを受け講演する機会があった。懇親会で出た話題が「ら抜きことば」批判だった。興味深く聴いた。東京に近い分、ことばの規範への意識が強いように感じた。

１９９５年、第20期国語審議会では「ら抜きことば」について「共通語においては改まった場での『ら抜き言葉』の使用は現時点では認知しかねるとすべき」としている。

その後平成27年度（２０１５年度）「国語に関する世論調査」（文化庁）の結果では、「見れた」（48・4％）が「見られた」（44・6％）を、「出れる？」（45・1％）が「出られる?」（44・3％）を上回る結果となり、令和2年度（２０２０年度）の同調査では「来れますか?」（52・2％）が「来られますか?」（46・4％）を、「見れた」（52・5％）が「見られた」（46・2％）を上回っている。東京を中心とした「規範」は揺らいでいるといえるだろう。

「規範」の点からすると、子どもは規範からは自由な存在だ。小学1年生であった頃の娘が「オニゴ」で遊ぶと言ったことがあった。「?」となったが、聞くと「おにごっこ」のことだった。ほかにも「漢字テスト」は「カンテ」、「漢字プリント」は「カンプ」、「国語プリント」は「コクプ」、「算数プリント」は「サンプ」と呼んでいると教えてくれた。

一見規範からの逸脱のように思えるが、関西（大阪）では略語を作る際、アクセントに特徴があるという説がある。例えば「マ**ク**ド」、「ファ**ミ**マ」、「ミ**ス**ド」、「フ**リ**マ」、「ロ**イ**ホ」と全て真ん中に高いアクセントが来る。最初「テ**レ**ビ」も「**テ**レビ」だったが、時間を経て「テ**レ**ビ」と発音するようになったという。「テ**レ**ビと言うと、どこか寝そべってテレビをみているような気持ちになる、といった内省を聞くことがあるが、そこには、いわば『なじみ度』にかかわる、アクセント型の形成プロセスがうかがえる」と述べられている（真田信治「略語のアクセント」『関西弁事典』145〜147ページ、一部改）。真ん中に高いアクセントを置いて親近感を持たせる作用が働くようだ。

　娘の発音も「オ**ニ**ゴ」、「カ**ン**テ」、「カ**ン**プ」、「コ**ク**プ」、「サ**ン**プ」、であった。規範から逸脱しているようで、実は大阪のアクセントの「規範」をきちんと踏まえている。プリントやテストといった嫌なことも、自分たちの側になじませようとしているのかも、と思うといじらしい。

　アクセントの位置によって親近感を持たせる作用。ここに大阪人の平等観、遊び心、したたかさを感じるといったら言い過ぎだろうか。

第3章

街角の大阪弁

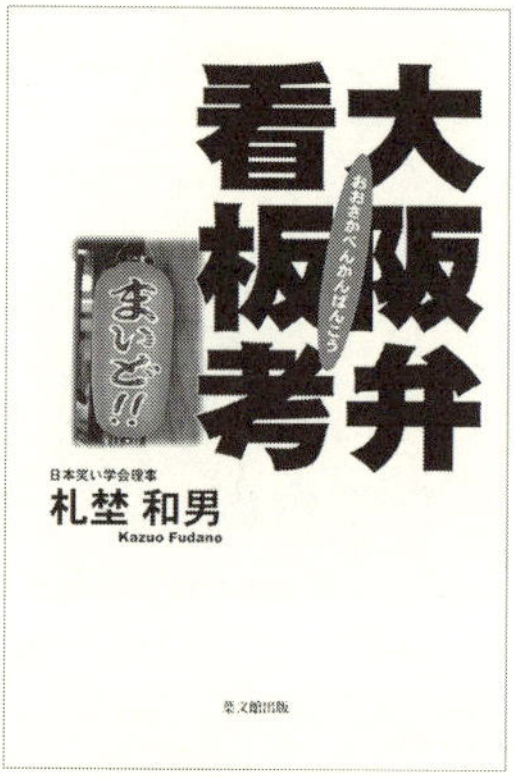

初めての著書『大阪弁看板考』

１９８０年代、90年代に急増

大阪弁を使った経済戦略は、企業に限った話ではない。大阪では以前から大阪弁を使った経済戦略が個人経営の店舗でも行われてきた。

拙著（１９９９）『大阪弁看板考』葉文館出版は初めてこの世に出した本である。大阪では大阪弁の店舗が多くあることに疑問を抱き、なぜ大阪には大阪弁で命名された店舗が多いのか、いつからあるのかなどを調査分析した書である。第一章では24店舗の経営者にインタビューを行ない、ライフヒストリーとしてまとめた。緑の帯にある「まいど・おかげさん・ぼちぼち・ごんた・こいさん・ええやんか・いこいこ・どんなもんや・だんない・いこな・おおきに」は全て大阪弁の店名である（「いこな」は漢字で「伊古奈」と「居古奈」があり、２軒とも取材した）。

古くは１９１７年（大正６年）創業で枚方市に「まからんや」（大阪弁で「まけられない」の意）という貸衣装の店がある。負けるほど高い値段で売っていないというメッセージを込めた店名である。

また大阪市西区江戸堀に社屋を構える、1919年（大正8年）創業の「サヨカ」という鉄鋼商社も戦前に生まれている。創業者の出口巳之助が「一度聞いたら忘れられず、親しみがあり、大阪の会社とすぐわかる」という理由で命名した。大阪弁ネーミングの草分け的企業である。鉄鋼線材業界は新規開拓が難しい分野であるそうだが、名刺を差し出すと、面白いネーミングに相手の心も和み、話が弾むという。今では取引先から絶対に名前を変えるな、と言われるほど愛着を持たれている社名になっているそうだ。

1940年発行の戦前の電話帳『京阪神職業別電話帳』（報告出版社）には、「ざこば」（かつての大阪の魚市場の名称）、「ぼんち」（「坊ちゃん」の意味）、「ろうじ」（「路地」の意味）、正辨丹吾亭（「小便」、「肥料桶」の意味）などの料理店名が見られる。

次ページの図は『大阪弁看板考』掲載のグラフであるが、1980年代から1990年代にかけて、大阪弁の店舗が急増しているのがわかる。

創業年代別店舗数

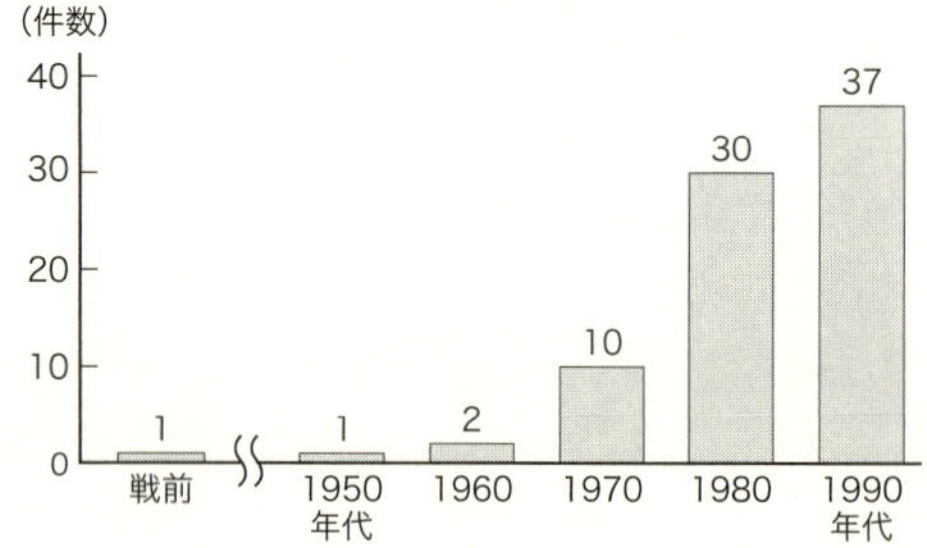

１９８０年代は共通語が行き渡った年代といわれる。また80年代から90年代は、漫才ブーム、花の万博、グリコ・森永事件、関西国際空港の開港、ＡＰＥＣの大阪開催、横山ノックという漫才師知事の誕生など、大阪が全国から注目を浴びる出来事が相次いだ年代である。吉本興業の明石家さんま、ダウンタウン、ナインティナインなど日本のお笑いを牽引するタレントが輩出した時代でもある。

１９９７年に、首都圏の高校生約２００名を対象に大阪弁（この時は「関西弁」という表現を使った）のイメージについて質問紙調査を行なったところ、良いイメージを持つという高校生は34％に上り、普段使うかどうかを尋ねると、40％が「使う」と回答した。使用する主な理由は、「ボケ・ツッコミのため」、「話のノリをよくするため」であった。共通語が全国に浸透し、新しい話しことばとして大阪弁が受け入れられていったのだろう。大阪弁の全国区化は既に１９８０年代から始まっていたといえよう。

経済的には1980年代以降は成長・拡大から飽和・安定へと移り変わった時代でありいい物を作れば売れる時代から、付加価値を付けないと売れない時代へと移行した。CI（コーポレート・アイデンティティ）戦略の重視、地域限定や期間限定商品の販売、地域アイデンティティの見直しもこの時代から活発になったといえる。

言語的要因、社会的要因、経済的要因が絡まって大阪弁の店舗が増加したと考えられるが、大阪の経営者はCI戦略ということばを知らなくても、市場が飽和状態にある時に仲間意識をくすぐる大阪弁を使うという戦略を、机上の知識ではなく、実践の知恵の中から自然と採ったのではなかろうか。

おっさん、おばはんに優しい街

当時インタビューを行なった24店舗は御多分《ごたぶん》に洩れず、高齢化や後継者不足でほとんどの店がなくなった。今はどんな大阪弁の店舗が生まれて、どんな方言景観が大阪の街を彩っているのだろうか。

「ええねん」（大阪市北区天神橋筋六丁目ほか3店舗）は、焼き鳥一筋40年と銘打ったチェーン店である。展開しているマルシェ（株）のホームページによると「大阪から全国へ発

信していく力強さを表現、食も心もワクワクさせる」ねらいだという。

担当者に詳しく尋ねると、客が来た時の「まいど」、帰る時の「おおきに」の大阪弁の挨拶をコンセプトとし、関連した大阪のイメージとして「ええねん」（直訳すると「良いのだ」）と名付けたという。万博を意識して大阪発祥の企業であるという意味も込めた、とのことであった。「ええねん」があれば「ええやん」もある。「ええやん」は大阪府大東市《だいとうし》野崎《のざき》にある居酒屋である。

大阪は「おっさん」の街である。１週間のうちに３軒もの「おっさん」に出くわした。「牧落のおっさんの店　和」（箕面市《みのおし》牧落《まきおち》）、「おっさん寿司」（大阪市阿倍野《あべの》区）、「ＯＳＳＡＮ横丁」（大東市住道《すみのどう》）である。

「おっさんの店　和」は出張先で見つけた。「おっさん寿司」はＪＲ天王寺駅前の「新宿ごちそうビル」に入っている。約40年になる老舗寿司店である。親しみのある名前として付けられたという。メニューには「おっさんにぎり」（９８０円）、「おっさんちらし」（９００円）があり、注文が入ると「おっさん一丁！」と掛け声が飛ぶ。

「ＯＳＳＡＮ横丁」はＪＲ学研都市線住道《すみのどう》駅南口を出た末広公園の芝生広場にあり、出店者が場所を借りてキッチンカーや食品や雑貨を販売できるという。出店者が「おっさん」ばかりかどうかは未確認である。

なお２０２４年7月31日にＪＲ大阪駅西口改札すぐの所にできた「バルチカ０３」の「０３」とは「おっさん」の意味である。梅田で働く「０３（おっさん）」をターゲットにして飲食店約50店舗が集まっている。大阪は「おっさん」に優しい街なのである。

牧落のおっさんの店
和《かず》

お持ち帰りコーナー
おっさん寿司

(仮称)OSSAN《おっさん》横丁《よこちょう》で、
オモロイことやりませんか？
QRコードを
読み込んで
#拡散希望
(お問い合わせ先)
大東市みどり課
TEL 072-872-2181

バルチカ03

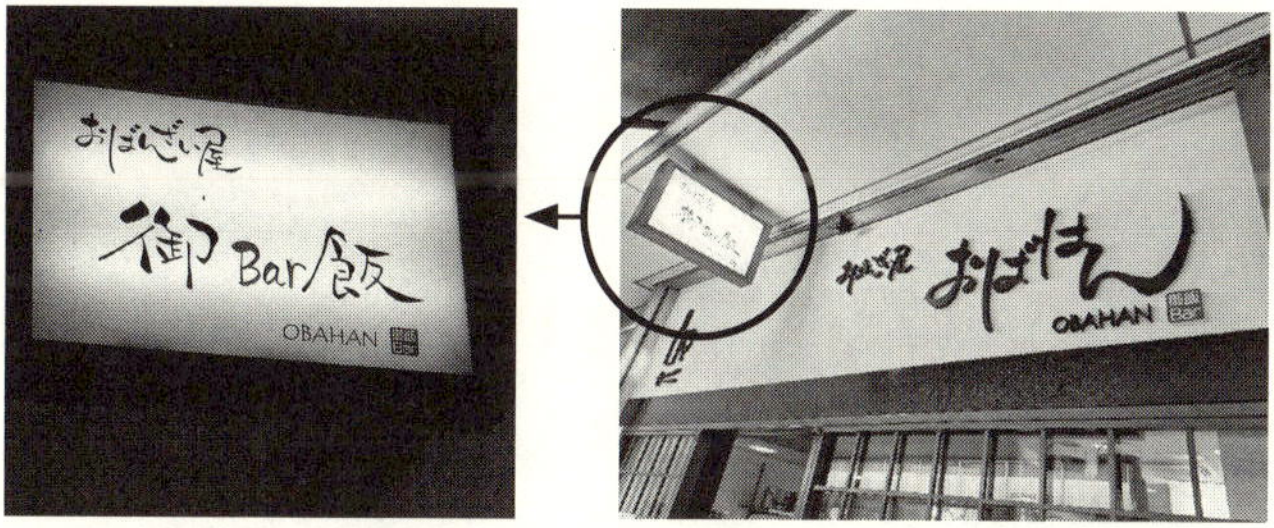

勤務する大学で、国語科の教員免許状取得希望者を対象とする「国語科教育法」という授業で「方言教育」について説明した際に、これらの写真を紹介した。「大阪には『おっさん』はいても『おばはん』はいないんよなあ」と話した翌週、ある女子学生が「先生、『おばはん』がいました！」と2軒教えてくれた。

一軒は「御Ｂａｒ飯」と看板にあった店。大阪ではなく姫路市にある（山陽電鉄山陽姫路駅すぐ）。希望する学生たちと急遽「おばはんに会いに行こう」ツアーを企画し「姫路のおばはん」に会いに行った。「おばはん」とは言えないような女性が切り盛りしており、名前は以前の経営者から引き継いだという。播《ばん》州《しゅう》の郷土料理が豊富にある美味しいお店であった。

もう一軒は大阪市西成区にあった「近所のおばはん」という店である。「あった」としているのは、２０２４年12月15日で閉店となったからだ。実際に行く機会はなかったが、数回東京

から訪れた客のブログを読むと、かなりユニークな店であったようである。店主夫妻が猟師の資格を持つ、11年続いたジビエ居酒屋だったという。イモリの唐揚げ、ヘビ酒、鹿のタタキ、ハクビシンの塩焼き、アライグマの前足一本焼きなど変わった料理が並んでいたらしい。

ブログによると、性格上絶対に客と揉めると思っていて、警察沙汰になった時、つかまった相手が「どこで揉めた」と聞かれたら「近所のおばはんで」と答えるのはかなり恥ずかしいだろうと考えて、命名したという。

「おっさん」、「おばはん」もいるが「おかん」もいる。大阪弁でいう「母親」の意味である。大阪の男性は皆マザコンか?と思われるくらい、「おかん」が好きである。大阪の電車に乗って聞き耳を立てると、どこからか誰かが「うちのおかんがな、……」などと「おかん」ネタで相手を笑わせているシーンに出くわすであろう。

前ページの「おかん」は大阪府大東市野崎で見つけた「ええやん」の道路（外環状線）を隔てた向こう側にあった。「おかんの台所」は大阪市北区の扇町《おうぎまち》にある。

大阪の電車内はいつも賑やかである。大阪以外の町の電車に乗ると、その静けさに驚くことがある。大阪では「言うてなんぼ」、「言うのはタダ」の口の文化である。人間どころか、看板もしゃべっているのである。

次ページの上から一番目の看板は新大阪駅にある。「大阪土産といえば大阪プチバナナ」とあり「バナナやけど味はすべれへんで～」とシャレを飛ばしている。上から二番目は大川沿いの桜の季節に出ていた焼きそばの屋台である。「なんでうまいねん!!」、「しらんがな?」と書きことばでボケ・ツッコミをしている。「なんでうまいねん!!」とあるので、そんなにうまいのか?と思わず買ってしまいそうである。

自動販売機では「おかん」のささやきがある。大阪、梅田の路地にある自動販売機の側面にはおかんのことばが書いてある。

大阪土産といえば
大阪プチバナナ
バナナやけど味はすべれへんで～
旅するばななん

なんでうまいねん!!
やきそば

追伸
そろそろあんたもここで買いや　母より

追伸　そろそろあんたも　ここで買いや　母より

「おかん」を思い出して買う人がいるのであろうか。

発展した「あほや」

大阪府箕面《みのお》市に本店を置く「あほや」というたこ焼き屋がある。公式ホームページによると大阪府下に52店舗、関西（奈良・京都・兵庫）に19店舗、他徳島に3店舗、愛知に1店舗、東京・神奈川・埼玉に15店舗、新潟と北海道に2店舗ずつ、全国に計94店舗を持つ一大チェーン店である。

「あほ」とは共通語「ばか」の大阪弁だが、英訳すると「foolish」ではなく、「my dear」なのだ、という考えを聞いたことがある。「あほやなあ」、「あほなことして」、「そんなあほな」など多様な使い方があるが、「あほ」は大阪人にとって、同じ目線に立ちながら肩にくるっと手を回して抱え込んでくれる優しいニュアンスのことばだとも、誰かが述べていた。全くの同感である。

「あほや」には特別な感慨がある。『大阪弁看板考』を世に出した時、豊能《とよの》地域（池田市・豊中市・箕面市・豊能町・能勢《のせ》町の大阪北部の3市2町）の役所に勤めていた、ある公務員のかたから次のような依頼を受けた。

札埜さんの『大阪弁看板考』、大変な話題ですね。丹念にこれだけのことを調べるには、大変なご苦労があったことと思います。（中略）ところで、「看板考」の中には豊能地域の話はあまりなかったかとも思うのですが、当地域の関連で何か面白い店や会社の話はありませんか。豊能地域の人々は洒落っ気たっぷりで、なんでもかでも笑い飛ばそうてな人も多くいます。厚かましいお願いで恐縮ですが、是非面白い店などお教えください。お願いします。

『あきかな通信』という私製の雑誌を発行されていて、10月号に寄稿してほしいという依頼であった。確かに豊能地域には調査当時大阪弁の店が見当たらなかったので、ほとんど言及していなかった。そこで改めて調査に赴き、そこで見つけたのが「あほや」だったのである。「往信・返信――『大阪弁看板考』」という題で掲載された当時のエッセイから抜粋しよう。

ここで、ある大阪弁の店を一つ紹介しておきましょう。阪急池田駅前サンシティー地下1Fにある「あほや」というたこ焼き、お好み焼き屋さんです。「あほ」とはもちろんあの大阪弁でよく言う「阿呆」のことです。キビキビとしたさわやかな印象の店主、山下敏生さんにお話を伺いました。「昨年10月にオープンしたので丸1年になります。店の名前を考えた際に『あほや』か『あほか』で迷いましたが、『あほや』の方が名前としてすっきりするので『あほや』にしました。あと、自分自身、よう『あほ、あほ』いわれて来ましたんで(笑)」。

メニューを見ると「あほやの焼きそば」、「あほやのたこ焼」といったブランドに混じって「めんどくさ焼」といった品名が。「実際作るの面倒臭いんですわ。たこ焼に餅とかチーズとかにんにくとか10種類の具を2個ずつ作らなあかんので」。

（中略）そんな大阪らしいことばを店の名前として付けられた山下さんの英断（？）に心から敬意を表します。

「ばか」、「たわけ」、「はんかくさい」など類義語は日本に多くあるが、そういった類のことばを店名にする発想は大阪以外にないのでは、と考えたのであった。あほやの公式ホームページを閲覧すると、株式会社エー・フーズとして登録されており、店名の由来には次のように記されている。

「えっ？」と聞き返されます。インパクトが強く覚えてもらいやすい。それよりも大阪人がよく使う「あほ」というなんか愛嬌のあるひびきが好きなんです。

「あほみたいにおいしい」
「あほみたいにおもしろい」

大阪人が愛し続けるこの「あほや」の言葉同様に愛されるお店になっていけたらな

ぁとの思いでつけました。

「会社概要」のページには「大阪から、世界中の人々に愛される食文化を」というフレーズとともに、経営者としての自信を感じさせる山下さんの顔写真がある。25年前、インタビューに応じて下さった若き日の山下さんの顔を思い浮かべた。当時、看板は木製だった。看板も自分で作りました、という答えだった。メニューには「めんどくさ焼」はなかった。作るのが本当にめんどくさいほど忙しいのかもしれない。

山下さん、それにしても、あの地下の店舗の出会いからよう頑張らはったなあ。

なぜ大阪人はオノマトペを多用するのか

他地域から来た人によれば、大阪人の会話にはオノマトペが多用されていると感じるようである。以前宮崎県出身の在阪テレビ局のディレクターから「なぜ大阪人はオノマトペをよく使うのか?」と聞かれ、ある番組内でコメントしたことがある。『古事記』の国造り神話でも「許袁呂《こをろ》許袁呂《こをろ》」というオノマトペが出てくるが、大阪人は会話がコミュニケーションであると同時にそれ自体を楽しむ対象である。したがって、リズムになり、しか

も瞬時に具体的にわかりやすく、笑いも生まれる効用のあるオノマトペを多用すると思われる。道を教える際に「バーッと行って、キュッと曲がって」というが、実際に調査したところ「キュッと」は90度であるという（豊島美雪&こそっと関西オノマトペ研究会（２０１０）『キュッと曲がって90°！　関西オノマトペ用例集』組立通信）。

オノマトペは看板にも現れる。「サクッと行って、パッと食べて、サッと帰る」、これは泉佐野市内にある人気の海鮮料理店「こたや」の駐車場にある看板である。回転率を高めるための大阪弁戦略であろうか。

店舗には声を掛けているような名前もある。大阪人は別れ際に「さようなら」や「バイバイ」ではなく「ほな」と言って別れることが多い。「それなら」が「そんなら」、「ほんなら」、「ほなら」と短くなっていった大阪弁である。「ほな（また会おうな）」という意味合いである。その「ほな」が店名になっていた。「立ち呑み　おばんざい　ほな」（大阪市北区天神橋筋五丁目）という。

東京で学生生活を送っていた時、電話で千葉出身の友人に「ほな」と言って切ろうとしたら「なんだよ?」と言われ驚いたことがあった。「ほんならな」とさらに言うと「だから、何なんだよ」と言われ、ケンカのようになったので、大阪では「バイバイ」の代わりに「ほな」を多用することを丁寧に説明したことがあった。

張り紙にツッコミを入れる張り紙

大阪の方言景観で、これまで一番強烈なインパクトを感じたのは、書きことばの言語景観に対して、さらに大阪弁で「返している」方言景観である。ちょうどコロナ禍の影響が長引き、商店街の飲食店の閉店が続いている頃、2022年5月のことであった。天神橋筋商店街一丁目を歩いていて、思わず張り紙に足が止まった。

「各位　コロナ禍にあり当分の間休業させていただきます。今後ともよろしくお願い申し上げます」

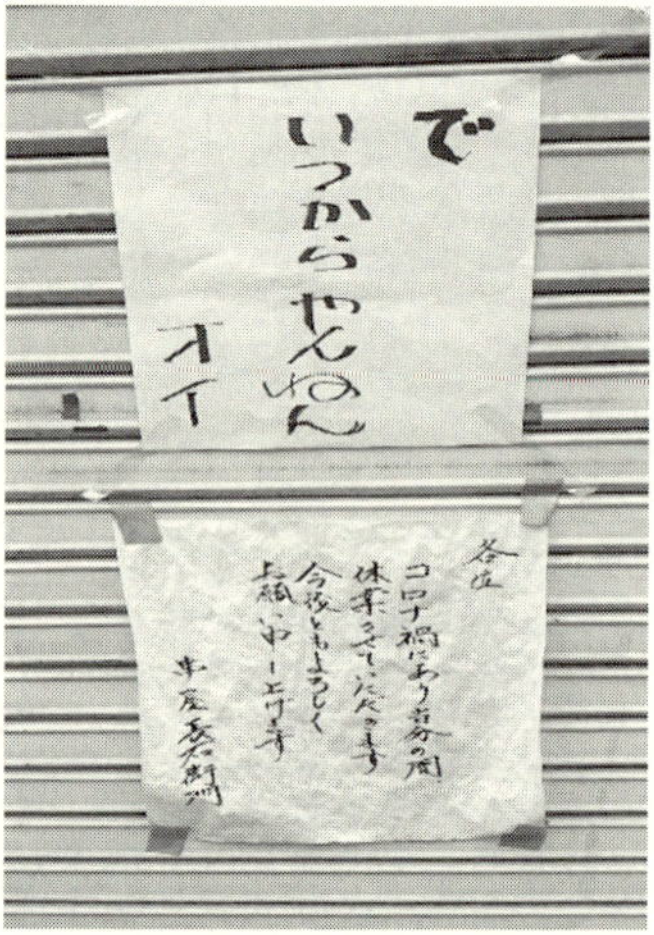

よく見かける休業の張り紙が貼ってあるその上に、「で　いつからやんねん　オイ」とあったのである。常連が待ちわびてしびれを切らしたのであろうか。それにしても書きことばにもかかわらず、紙上討論のようなやりとりを見たのは初めてであった。なかなか他の都市では見られない言語景観と方言景観の掛け合いではなかろうか。コロナ禍では対面での会話ができない状態が続いたが、対面がだめなら紙の上でツッコんでやろうという意気込みを感じさせる方言景観であった。

複合商業施設も「饒舌《じょうぜつ》」である。東急不動産が運営するキューズモール（Q.s MALL）はあべの（阿倍野、2011年開業）、もりのみや（森ノ宮、2015年開業）、あまがさき（兵庫県尼崎市、2013年開業）、みのお（箕面、2003年開業）と4店舗あるが、みのお以外は各店舗のチャウチャウ犬のキャラクターが大阪弁を話す方言景観が見られる。

阿倍野店のキャラクター「アベーノアベーノ」（赤色の犬）は「明日もここ来たらもっとええことあるで！　知らんけど！」と語りかけ、森ノ宮店のモリスペクター（緑色の犬）は「フードコートは2Fやで」と案内している。ポイントカードの説明の定時放送は大阪弁である。

兵庫県尼崎市は市外局番が大阪と同じ「06」で、行政区分では大阪府ではないが、旧摂津国であり、文化的には大阪の色が濃い。あまがさきキューズモールにも至る所に大阪弁の呼びかけの方言景観がある。

「アマーガガ」（黄色の犬）が「明日も、あさっても、しあさっても、キューズモール来たらええんちゃう。」と大阪弁で畳みかける。エスカレーターで昇っていくと、「茶しばかへん？」となぜかアベーノアベーノの弟分「マッムシ」（青色の犬）が呼び掛けていた。

ちなみに、三重県では「しあさって」ではなく「ささって」と呼び、その翌日を「しあさって」と言う。「茶しばけへん？」は若年層には通用しない大阪弁であろう。「（喫茶店などで）お茶でも飲まない？」という意味である。「牛いわす（マクドナルドでハンバーガーを食べる）」、「鶏しばく（ケンタッキーフライドチキンで、フライドチキンを食べる）」などもあった。京都では「しばか（ka）へん」、大阪に近づくと「エ段化」して「しばけ（ke）

へん」になるので表記上も大阪弁になっている。

ちなみに3店舗とも創業時から大阪弁をしゃべっており、その意図は不明とのことだった。

動く大阪弁景観

裁判員制度PRの際には大阪弁がキャッチコピーに使われ、宣伝媒体として積極的に利用された。2008年3月16日には大阪城公園で開催された「JAバンク大阪presents大阪城リレーマラソン2008」に、法曹三者が「始まるで！裁判員制度！」、大阪地方裁判所は「はじまりまっせ裁判員」、大阪地方検察庁は「やりまっせ裁判員」、大阪弁護士会は「あんたもわても裁判員」と書かれた特製Tシャツを着てランナーとして出走した。裁判官、検事、弁護士のそれぞれ10名が3チームに分かれて20キロコースに参加し、チームで襷《たすき》をリレーしたのである。さながら「動く大阪弁景観」である。「産経新聞（大阪本社）朝刊」2008年3月17日付には「裁判員制度も転ばず完走や　法曹3者がリレー登場」とある。

「裁判員制度も転ばず完走や」

法曹3者がリレー登場

平成21年5月までに始まる裁判員制度を知ってもらおうと、大阪地裁、大阪地検、大阪弁護士会から法曹3者の有志が16日、大阪城公園（大阪市中央区）で行われた「JAバンク大阪presents　大阪城リレーマラソン2008」（産経新聞社など主催）にランナーとして出走。普段の六法全書をたすきに持ち替えて、詰めかけた観客らに制度をアピールした。

裁判官、検事、弁護士のそれぞれ10人が3チームに分かれて20㌔走る部に参加し、チームでたすきをつないでリレーした。「始まるで！裁判員制度！」などと書かれた特製Tシャツ姿でコースを疾走。松本芳希・大阪地裁所長代行、三浦正晴・大阪地検検事正、山田庸男・弁護士会会長らも「応援団長」として駆けつけ、激走する法曹ランナーらを励ました。

弁護士会チームは平均年齢50歳以上で、走りきれるか不安視する声もあったが見事に完走。参加241チーム中、地裁チーム72位、地検チーム88位、弁護士会チームは144位に終わった。山田会長は「裁判員制度も転ばずに完走したい」とチームの結果に満足そうな笑顔を見せた。

裁判員制度については「日本文化になじまないのでは」などと批判もあるが、三浦検事正は「残り1年は最終準備の時。この勢いで続けていきたい」。松本所長代行は「市民のみなさんに力をもらい、成功させたい」と意気込みを語った。

裁判員制度をPRするため大阪城リレーマラソンに参加した法曹ランナー＝16日午前、大阪市中央区

裁判員制度PRのために
法曹３者がマラソンに参加

（産経新聞［大阪本社］朝刊2008年3月17日付　無断転載・複写不可）

テレビ、マクド、ファミマ

さて、関西（大阪）弁は「テレビジョン」など長めのカタカナ語を3語に短縮して「テレビ」（LHL、Lは Low で「低く」、Hは High で「高く」の意味）と「レ」を高くして発音する。「マクドナルド」は「マクド」（LHL）という発音になる。「ロイヤルホスト」は「ロイホ」（LHL）である。遠くに感じるものを自分の側に引き寄せて親しみを込めるための、身に沁みついた「戦略」であるといえる。大きくいうと関西弁の「法則」といってもよい。この法則が無意識にできるかどうかが大阪人あるいは関西人かどうか、というアイデンティティに関わるかもしれない。

その法則に従うと「ファミリーマート」は「ファミマ」（LHL）であって、決して「ファミマ」（LLL）のような平板な発音ではない。

大阪駅からエスカレーターで昇ると大阪ステーションシネマという映画館があり、その近くに「ファミマ!!」という店舗がある。大阪弁で「ファミマ」というので、その方言名が採用された、と喜んでいた。

せんば心斎橋筋商店街

京阪電車

てっきり大阪だけの展開と思っていたが、ファミリーマートのホームページを見ると、東京が38店舗と一番多く、次いで大阪が5店舗（なんばパークス・中之島・グラングリーン大阪・梅田ツインタワーズ・あべのハルカス）、その他神奈川、愛知、福岡にあった（2025年2月現在）。大阪では「ファミマ‼」（LHL）という大阪弁の店舗が生まれたと、筆者のように勘違いしている大阪人がいるかもしれない。大阪人の「ファミマ」という省略形がきっかけとなったのではないかと考え、問い合わせたが、「個別の回答はできない」ということであった。「ファミマ‼」（LLL）と大阪人が平板に発音するようになった時は、大阪弁の衰退だと捉えてよいだろう。大阪弁の表記が誕生したことは喜ばしいが、（LHL）の発音は堅持しなければならない。

さて2025年4月13日開幕の大阪・関西万博に向けて、関西では商店街に「せかいじゅうをげんきにするばんぱくやで

パンフレット「来てな！ OSAKA」表紙

!!」という文字の入った看板広告が飾られ、ラッピング電車が盛んに走るようになってきた。公式キャラクターのミャクミャクが次のように呼びかけている。

「いっしょにいこな！　大阪・関西万博」

活用語に続いて願望・要求・命令などを表す助詞「な」を活用しているが、「いこな」は相手に同意や確認を求めるニュアンスを含んだ誘いの意味になる。共通語だと「行こうね」だろうか。

1999年に訪れた漢字表記の「伊古奈」（東大阪市）も「居古奈」（八尾市）も客が多く集っていた。ひらがな表記の「いこな」の大阪弁戦略は、集客効果を発揮して、経済的効果をもたらすであろうか。

大阪は大阪弁による言語景観に彩られた町である。音に出さなくても饒舌な方言景観である。大阪城、グラングリーン大阪、通天閣、海遊館などと並んで、大阪弁の方言景観は大阪の観光名所だといえる。ぜひ大阪の町に来たら、周りを見渡してみるといい。そこには思わず「クスッ」と笑ってしまうような「大阪弁」が見つけられるだろう。もしかしたらそこには大阪弁を活用して人を呼び込もうという意図が見え隠れするかもしれない。

（※本書で紹介した店舗の中には、２０２５年4月現在営業していない可能性があるお店もあります）

コラム5

哀しき「しゃあない」

「しゃあない」という大阪弁には思い出がつきまとう。以前拙著（2006『大阪弁「ほんまもん」講座』新潮社）にも書いた話で恐縮だが、進学した東京の大学でのゼミ発表の際、質問の追及を受けて思わず「しゃあないですやん」と口走ったことがあった。するとすぐさま東京や神奈川出身の女子学生たちが「『しゃあない』だって」とケラケラ笑いころげた。その時初めて「しゃあない」が大阪の標準語であると知った。

　高等学校の国語教師となってから、教科書には載っていない大阪の標準語について時間を割いて教えるようになった。例えば「仕方がない」の大阪標準は「しゃあない」だが、どんな重々しい事態でも「しゃあない」と言い放つことで、気持ちを軽くさせる効用があるのだ、と。そう教えたら、ある生徒が感想で次のように書いてきた。

〈便利なことばだ。しかし、『しゃあない』だけで終わる生き方はしたくない〉

「しゃあない」連発の人生はいい加減な人生だと思ったのだろうか。

ある学会の懇親会で、ベテラン放送作家のかたとお酒を酌《く》み交わした時の会話である。

「お笑い番組の台本を書く仕事で放送局がホテルをとってくれたことがあって、一晩中考えても何も浮かんでこんかったんャ。そのうち朝になってホテルの窓から出勤するサラリーマンが見えたんやけど、あの時ほど勤め人が羨ましいと思ったことはなかったなァ」

「それで、先生、仕事どうしャはったんですか？」

「そらァ書いたで。何も思い浮かばんでも、頭絞って書かな、しゃあないネンなァ……」

生きてゆくための「しゃあない」には重みがあった。

2006年春、祖母の「しゃあない」を耳にした。親愛なる叔父が病に倒れこの世を去った時のことである。祖母が顔を覆って泣きながら「かっちゃん（叔父の愛称）、先に逝ってしまいよった。かわいそうに。わてが身代わりになれたらよかったのに……せやけど、こればっかりは、しゃあないワ、ほんまにしゃあないワ……」

なんて切ない「しゃあない」なのだろう。こんな哀しい時にも「しゃあない」は使われるのか。哀しさを心のスポンジにいっぱい含んだことばと化した「しゃあない」もあるんや……。

昔の落語家が「しょがない」と発音したり、「しゃない」という短い言い方もあるが、「しゃあない」と間延びするのは（学問的に何の根拠もないけれど）哀しみを少しでも和らげようとする市井の人々の知恵なのか。「にもかかわらず笑う」ということばがあるが、「にもかかわらず『しゃあない』」のスポンジに憂いを含ませながら、大阪人は生きてゆく。

大阪弁は舞のごとく

大阪女性＝アニマル柄を着たやかましいおばちゃん、のイメージは誰がつくったのだろう。今回はそんな虚像とは無縁な、着物姿で優美な大阪弁を話された女性の話を……。

小川照一《てるかず》さん、元気にしてはりますか。小川さんは舞・小川流のおっしょはん（師匠）でしたが、僕にとっては大阪ことばの先生でした。「相手を思いながら舞うんですけど、『思てまっせ』と客に見えたらだめで、見せずにいかに持っていくかが肝心」と言われましたが、大阪ことばもそんな本質を持つ気がします。

初めてお会いした時、話されることばを聞いて「大阪のことばって何てきれいなんやろう」、正直そう思いました。以前されていたお店の名前「**舞舞こんこん**」は「きりきり舞」を意味する大阪ことばやったんですね。「生きざま」やのうて「**生きてありよう**」、「懇親会」やのうて「**おあとの会**」、「こんにゃく」やのうて「**おこんにゃ**」、「教える」やのうて「**なろ**（習）**てもらう**」。

「**ぎょうさん**赤を入れて**堪忍**です。こちらこそ**よろしゅうに**」これは取材後の文章の校正をお願いした際頂いた一文です。「じゃなくて」を「**やのうて**」に、「でも」を「**けど**」に訂正されましたね。覚えておいでですか。

「**は**ものかわ」は「鱧の皮」、料理になると「は**も**のかわ」、「みどうすじ」やのうて「み**ど**うすじ」、「てらまち」やのうて「て**ら**まち」、「われわれ」やのうて「われ**わ**れ」

と（太字にアクセント）、例を示しながら大阪ことばの抑揚の豊かさを教えて下さいました。「大事なのんは、大阪のことばは多様、という大きな観点ではない**かしらん**」のことば、考えさせられました。

拙著（筆者注：2006『大阪弁「ほんまもん」講座』新潮社）上梓後、桜の蕾《つぼみ》が最後の寒さに震える頃にすぐお便りをくれはりましたよね。電話越しの優しい響きが今も耳に残っています。「**ほんまにええ**お仕事**しやはった**なあ」そのことばを聞いたとき、思わず胸が熱くなりました。

今、小川さんが愛された中之島の夕日を毎日見ながら帰っています。夕日の向こうから同じ声をかけてもらえるよう「**ほんまもん**」目指してこれからも精進していきます。

花籠に月を入れて漏らさじ　これを曇らさじと　持つが大事な

（『閑吟集』より　小川さんの座右の銘）

第4章

経済、行政、司法の大阪弁

首長の大阪弁

2010年8月6日。「ああ やれんのう、こがあな辛い目に、なんで遭わにゃあ いけんのかいのう」という広島弁で始まる秋葉忠利広島市長（当時）の平和宣言が、世界の注目を浴びた。

インタビュー（2011年3月9日於広島市役所市長室）で秋葉は「原点に戻るためです」と述べた。

「原点に戻るためです。事実を大事にすべきと考えたからです。被爆体験記には方言が出てきません。水を求めた人、傷ついた人が話したことばは広島弁のはずです。あの日話したことばを使って広島以外の人々に問題提起をしながら、原点を確認し続けるということです。『やれんのう』は使いたかった広島弁の一つです」。この広島弁の活用は、被爆者をはじめ市民に寄り添う市長としてのイメージを押し出すことに成功したといえよう。

2017年6月、明石市では、道路拡幅事業を巡って物件の立ち退き交渉が進まないことに、泉房穂明石市長（当時）が担当者に「7年間、何しとってん。ふざけんな。（中略）

今日、火つけてこい（後略）」という関西弁の暴言を浴びせ、パワハラ問題となった（当初はこの発言だけが切り取られ報道されたので「暴言」とみなされた。その後文脈全体から、明石市民を一番に思っての発言であることが明らかとなり、出直し市長選で再選された）。

大阪では、２０１８年11月25日、２０２５年の万博誘致を勝ち取ってパリから帰国した松井一郎大阪府知事（当時）が、「ええおっさんがみんな立ち上がって自然と抱き合ってしまうんやから、むちゃくちゃうれしかった」と大阪弁丸出しで述べ、そのコメントがテロップで流れた（日本テレビ「ＮＥＷＳ24」２０１８年11月25日放送）。

行政の長の方言使用には、方言を使って市民に親近感を抱かせる戦略が見え隠れするが、この松井前府知事の大阪弁使用にはそういった戦略の意図ではなく、素直にそのまま感情を吐露する大阪弁だったと思われる。

政治や議会の場でも大阪弁は健在である。本章では経済や行政、司法の大阪弁について紹介していく。

商売をスムーズにする大阪弁

「MID」という大阪弁

商都・大阪の「標準語」は大阪弁である。大阪を発祥とする商社における大阪弁使用について、天神橋筋商店街のある時計宝石店から、丸紅では昭和30年代頃東京の日本橋支店でも「まいど、どうでっか、いてはりまっか、どないだ?」といった大阪弁が社内で飛び交っていたという話を聞いた。若い頃、繊維関連の会社に勤めていたという。

また伊藤忠商事では書きことばの大阪弁があった。テレックス（ローマ字）が重要なコミュニケーションツールであった時代、電報と同様長さでコストが変わるため、できる限り簡潔に文面を仕上げる必要があった。そのため省略単語が多く生まれたのだが、その一つに「MID」＝「まいど」があった。繊維部門のテレックスは全て「MID」で始まっていた、とは伊藤忠に勤めていた大学の先輩の話である。

商談での大阪弁の使用であるが、まず商談が行なわれる「場」が大企業であればその所在が関西であっても、大阪弁は必要とされないだろう。大企業の営業では「ビジネス」のイメージで交渉していて、ネームバリューがあるゆえ、商談で交わされることばが大阪弁であろうとなかろうと関係ない。重要なのはことばではなく内容となる。

効果があるとすれば、（相手にもよるが）商談の「入口」となる雑談で役立つことであろう。ただ商談が大阪弁によって円滑に進んだからといって、それが交渉成立に結び付くとは限らない。大阪弁使用が商談成立に有利に働くわけではないのである。ただ大学の後輩で大企業の営業職にある者は、共通語に比べて気軽で言いやすい大阪弁をあえて使うということであった。

これが中小企業や個人商店においては、大企業の場合よりも地元への密着度が高い分、事情が異なる。商談の始まりの挨拶用語である「まいど」は、大阪ならいつでもどこでも使われるように思われるが、天神橋筋商店街で聞き込んだ結果、店主の業種、客の性質、相手との親疎の度合いや人間関係や権力関係次第で「まいど」ではなく「いらっしゃいませ」を使う場合もあることがわかった。

例えば「餅屋」をルーツとする菓子屋では「まいど」だが、「上菓子屋」（上菓子は、お茶席などで使う高級品）をルーツとする菓子屋は「いらっしゃいませ」を使うケースがある。不動産屋は一見の客がほとんどなので「まいど」は使わず、刃物屋も扱う品物の性格上「まいど」は使わない。またある印刷業者は、今は「まいど」と言わないが、蕎麦屋《そばや》で働いていた時はいつも「まいど」だったと振り返る。

「まいど」は親密の度合いのバロメーターであり、人間関係の距離を測ることばなので、よく知っている人には「まいど」を使う傾向が強いといえよう。しかしよく知っている間柄でも年長者には使わないという人もいる。

また「まいど」を「リズム的な、記号的なことば」と表現する店主もいる。その観点から述べると、大阪の百貨店での鮮魚売り場では、どの客に対しても「まいど」を使う傾向があり、中には「まいど、まいど、まいど」と必ず3回連呼して客を引き付ける売り子もいる。逆に「まいど」を表層的に捉えるのではなく、年配の店主になると、「商いのイントロ」とし「『えっ』と相手に思わせる仕組みで、惹きつける最初の掛けことばが『まいど』。ものが言いやすい入口となって商談を取り戻すことばでもある。今は掛けことばが出んようになった時代。『まいど』こそ商いの原点。『まいど』で相手の心を和ませる」と述べ、「深層的な意味を持たせる」ことばとする考えもある。

この観点に立てば「最初の『まいど』で大阪の商売人はどんだけ心がこもっているか見

抜きます」という対極の考えとなる。

商談の終わりのことばである「おおきに」についても「まいど」とおよそ同じことがいえる。常に「おおきに」ではなく「ありがとうございました」の場合もある。業種、客の性質、親疎の度合いや人間関係によって「まいどおおきに」の場合も「おおきにありがとうございました」の場合もあって、バラエティに富む。

商談における大阪弁の五つの機能

商談における関西弁の五つの機能については真田信治監修『関西弁事典』に詳しく記したが、ほぼ大阪で調査した結果なので大阪弁に置き換えても変わりはないであろう。

一つ目は継続機能である。商談は断られてしまうとそこで終わりである。何とか商談成立の可能性を探ろうと話を続ける。その際に大阪弁は効果的である。

長野県出身で神奈川県に住む、ある大手企業の大学時代の後輩の営業担当者は、自身の東京や福岡での勤務経験を踏まえて「他の地域では『どこ行かはるの』といった挨拶のやりとりはしない。関西（大阪）弁は日本語として非常に曖昧《あいまい》。関東は答えをはっきり求める。別にはっきりとした場所の答えを聞きたいわけではない。曖昧でいい。はっきりさせないからこそ話が切れない」と述べる。

商店街の店主たちも同じ考えを述べている。「けっこう、曖昧なところで、話がつながるところちゃいますか。のらりくらりすることで話がつながりますし。相手の意向を探ろうとして落としどころを探るというか。誇張して話を膨らませやすいし、本心、本音でぶつかれます。ただその場合は関西（大阪）弁がわかる人でないと」（印刷業）。「はっきりさせない、継続するための言葉は商談には必要。はっきりしてしまうと実りにくい。『それはダメです』、『全然ダメ』、『ダメなものはダメ』といった表現はタブー。曖昧な方が実のなる商売になる。商談は人間対人間で成り立つので曖昧なほうが契約や商売は延長できる。『これでいきまひょか』に対して『かなんなあ。ギリギリでやってまんねん。大変でんねん』といったやりとりかなあ」（文房具店）。「よっぽどでないと断定はしません。『できません』て言うたらそこで切れてしまう。古くからの付き合いや馴染みには『できません』やのうて『できませんなァ』ですね」（トロフィー制作・販売業）。「商品が無くても『ありまへん』とは言わない。『またとっときまっさ』と言って、また来させるために紛らわしながら（断定を）避けて通る」（陶器販売）などの証言がある。

二つ目は喧嘩《けんか》防止装置、すなわち「角を立てない」機能である。ある店主は「商売人は喧嘩したら負け、お客さんを怒らしたら負けでっさかいに」と述べ、商品がない場合でも『ありません』はきつく感じるので言いません。『おまへんなあ』とか『ありませんなあ』です。柔らかいですわな」と述べる。印刷業店主は仕事に関する受注生産のシミュレーション（この辺で手を打つ、ギリギリの所）として、A（印刷業者）「（いくらいくらに）なりますねんわ」、B（客）「それでもうちょっと何とか」、A「なんぼやったらよろしのん（しやはりますのん）?」、B「ちょっとでも安かったら安いほど……」、A「これ以上は無理ですわ。もうけさせてくれとはいわんけど、適正利益は欲しいです」という例を挙げながら「もしこれが共通語だったらギスギスする」と言う。

大阪のある店主は大阪弁を「柔らかくてはっきり言わない。あたりさわりないので人を傷つけない」ことばだと述べ、C（客）「800円を500円に負けてくれへん」、D（陶器店主）「それはあかん、でけへん」、C「しゃーないな、顔立てとくわ」といった会話を挙げ「大阪弁は商いのやり取りの中で生まれてきたことば。『まあ、負けときまっさ』が交渉の中で一番よく使うことば」だと述べる。

三つ目は自分を鼓舞する機能である。ことばに自分の気持ちを入れて自分の気持ちを奮い立たせるのである。「商談の勝負時には『おおきに』であって『ありがとうございます』とは言わない。無意識のうちに使い分けている。『おおきに』を商談の最初か最後で必ず付ける」という店主もいる。

四つ目は仲間意識を共有する機能である。商談で同じ大阪弁を交わすことで仲間であると意識し、互いを結束させる効果がある。ある店主は体験から「『頼んますわ』と言うところを、もし『頼みます』と言えば、即刻断られる」と話す。さらに「これ以上言われたらどないもなりませんわ」、「そらあきませんわ」、「やってられませ（へ）んわ」といったことばは、一緒に腹割って話し合って考えてますよ、という意思表示であるのに、共通語で返されると「なんでそんな言い方すんねん」となる、と述べる。「それは違いまっせ」が「それは違いますよ」となると、「あなたはあなた」、「私は私」と別々に感じる、とまでなるという。非関西人で大阪弁を駆使する営業担当者も「赤の他人とは区別して、友達になり、すぐ仲間意識を育むことばである」ことを実感するという。

五つ目はコミュニケーション機能である。これは単なるコミュニケーション機能ではなく「利益につながるコミュニケーション機能」である。なじみの人には店頭で大阪弁を交わすことにより親密度がより高まって、遠慮がなくなり、本音が出てくる。そしてこの感情が購買へとつながるということである。

前出の営業担当者は「笑いが重要で、スピード感やボケ・突っ込みのやりとりなど面白さが要求される」と大阪を客観的に分析するが、そういった価値観を大事にしている土地であるからこそ、商売に直接つながらない会話でも重要視されるのであろう。

実際に「自虐的というか、自分をネタに笑わせます。どうアカンか誇張したり。『アカン』の調子の高い低いでニュアンスを変えたり。会話でストレスを発散して楽しむというか、ことばのキャッチボールといった方が適当です。楽しんでもらってお客さんに笑ってもらう。直接（その会話が）儲かる（話につながる）のではないですが、のちのちそういう会話がプラスになってくる」（印刷業）、「商店街に来る人はブランドショップ売り場に来る、ツンと澄ました人ではないので、親しくなる。世間話や品物の話からムチャクチャ（話が）飛んでいく。何しに来よるかわからん。でも、世間話の積み上げが商売へつながる」（時計宝石店）という。

天神橋筋商店街を文化の力で盛り上げた三丁目の商店街振興組合理事長であった故土居年樹氏は「まず商売の前に会話ありき。商いは人と絆《きずな》をつくる。それから物の売買。会話、絆、売買の順。しゃべくりして世間話していて客を慰めたりしてついでに（客が）物を買う。それが仕事、街商人の使命感だ」と語っていた。「レジ1万円入ります」と客にではなくレジに向かって言うマニュアル語が氾濫《はんらん》し、「負けときまっさ」がコンピュータ化され、データが商談のことばを失わせているデジタル化時代において、直接的ではなく曖昧に表現する商談のことばは、一見わかりにくくとも、商談に向かう両者に「洞察を促す」働きがあるといえる。

大阪出身の小説家・藤沢桓夫《たけお》氏は、大阪が日本の中で最も先端的な商業都市として発展してきた背景には、大阪人の楽天さがあるとして次のように記す。「うかうかしてゐたら忽ち敗北者となり落伍者とならなければならない極度に緊張した社会の雰囲気のなかで、決して負け目を取らないで自己を発揮して行くためには、例えば一つの商談の場面に於いても、真剣勝負の太刀打ちにも等しい油断のなさのなかで、しかも円満なる折衝を成立させなければならない。この場合、真剣の鋭さを春風駘蕩の和やかさに包んでしまうもの、お互いを傷つけない煙幕として最も効果的なものとして、必要上発見され極度に発達させられたものこそ、この笑いに他ならなかったのだ」（藤沢桓夫「大阪弁」『大阪手帖』1946年）。藤沢氏の論からも、商談と大阪弁には「笑い」が深く介在しているといえる。

裁判所での大阪弁

法廷で大阪弁を使う理由

筆者の学位論文は「法廷における方言」である。この論文を執筆したきっかけは、筆者が高等学校教員だった頃に、大阪地方裁判所へ生徒たちを引率した時のエピソードに由来する。

ちょうど裁判員裁判が始まる前で、当時は裁判所もサービスが良く、生徒が自由に大法廷へ見学で立ち入ることができ、おまけに現役裁判官へのインタビューをすることもできた。その際、引率である筆者が「法廷で大阪弁は使いますか?」と尋ねた時、その裁判官は「大阪弁は法廷に似つかわしくないので、使わない」と回答した。

その回答に疑問を持ち、そこから筆者の大阪地方裁判所通いが始まった。傍聴して大阪弁が出てくるのを待ち構えるのである。すると裁判官や検察官、弁護士ひいては証人、被告人がふんだんに大阪弁を使っていることが明らかになったのである。

法廷で使われる大阪弁が果たす機能は四つにまとめることができる。四つの機能とは「心的接触機能」、「リズム変換機能」、「カムフラージュ機能」、「引用機能」である。「心的接触機能」とは相手の心に近づこうとする働きである。この機能はさらに三つに分けられる。法廷という緊張の極致に達した空間に、安らいだ気分をもたらす働き（場の緩和機能）、相手を追い詰め攻撃する働き（攻撃機能）、法廷という非日常の世界に、法廷外にいるかのような日常の世界をつくる働き（日常の空間形成機能）である。

心的接触機能①——場の緩和機能

具体例を出して説明していこう。「心的接触機能」のうち、まずは「場の緩和機能」についいて、いやがらせに対する慰謝料をめぐる民事裁判の例を挙げる。原告はある夫婦、被告はある既婚女性である。傍聴したのは被告の証人である夫への証拠調べの段階であり、その夫はずっと貧乏ゆすりをしていた。被告は原告の家族に無言電話を架けたり、伝言ダイヤルを使用していやがらせをしたりしていた。裁判中かなり原告は激高していた。

原告（妻）「**ヤッタンヤッタラ**やったなりに**認メルベキヤ**と思うんですよ」

証人（被告の夫）「そらぁ、一軒一軒表札見てそれがストーカー言われたらたまりません」
原告（妻）「それは違うでしょ……**ユータハッタ**けれども……表札あげてないのにどうしてわかったんですかねぇ……」
（中略）
原告（夫）「なぜ3、4回**キャハル**必要があるんか、どう**考エテハルンデスカ**……伝言ダイヤル、認めてて**ユータハリマシタネ**……」

注目すべきは、原告夫妻の使う「**ユータハッタ**」、「**キャハル**」、「**考エテハルンデスカ**」の大阪弁である。この裁判は夫婦が2組登場し、自由に発言していた裁判であった。自由に発言している分、泥仕合の様相であった。

けれどもその泥仕合の中で印象に残る大阪弁が、この原告が被告に向けて発した「ハル」である。「ハル」は親愛語とされるが、使う相手は数々のいやがらせをしてきた被告家族である。当然「憎らしい」の一念であろう。しかしこの裁判で使用された「ハル」は100％責めてはきつすぎると思ったのか、原告の無意識の配慮なのか、泥仕合の中でこの「ハル」が使われた場面だけは、その場が緩和された瞬間であった。おそらくこの「ハル」のニュアンスを標準語で出そうとしても置き換えは不可能であろう。

心的接触機能②――攻撃機能

次に「攻撃機能」である。窃盗《せっとう》の事案での検察官による被告人質問の場面で被告人の供述は省略している。

普通見舞い**ドウスンノ**？
病院の詰め所訪《たず》ねた？
訪ねたかどうか**訊イテンネン**！
うろうろしようと**思ッテタン**？
人の見舞い来るんやったら普通**訊クンチャウン**？
うろうろ**シテルン**、**ナンデ**？　**ナンデウロウロシタン**？
何でこの頃に行こうと**思ッタン**？　思い立って……
お金盗りに**行ッタンチャウノ**、これ？

H・Tが入院してる、何でこの日行こうと**思ッタン？**

何で連絡もしてないのにいきなり**行クノン？**　別の用事が**アッタンチャウン？**

（腕組みして口を「へ」の字にして）普通見舞いの時（何か）持っていくよね？　何しに**行クン**、わざわざ？

（裁判官に向かって）質問を変えます。

何で**踏ミイレタン？**

背中向けたら**踏ミイレルンカ？**

何で**入ッタン？**　お金盗るためで……

かもしれんじゃないでしょ！　あったんでしょ？　と**訊イテルンヤ！**

「ありました」と**言エンカ!?**　他に（窃盗の）理由ないでしょ？

1回もないと言ってるよね？　急に金盗れるんですか？　体調でも悪かったんですか？

病院入る前から（盗る気持ち）**アッタンチャウカ？**

（裁判官に対して）終わります。


太字の大阪弁は全て被告人を追い詰める役割を果たしている。ある弁護士によれば、このやりとりなら弁護士から異議が出てもおかしくないという。「言えんか！」は脅迫に近い感じがあった。この検事のことを筆者はひそかに「関西弁検事」と呼んでいた。本書では「大阪弁検事」と呼んでおこう。

大阪弁検事が興味深いのは、反対質問で被告人には大阪弁で終始攻撃口調なのだが、裁判官に対してはきちんと共通語で話しているところである。同じ法廷でこの大阪弁検事の裁判を4回（覚醒剤・有印私文書偽造・詐欺未遂・窃盗）続けざまに傍聴する機会に恵まれたのだが、覚醒剤の裁判では「場の緩和機能」として大阪弁を使っていた。この窃盗の裁判での攻撃機能の大阪弁を聴く限り全くの別人物のようであった。

詐欺未遂の裁判は被告人も証人も関東出身であったので、大阪弁は一切使っていなかった。明らかに裁判に応じて使い分けていた。

心的接触機能③——日常の空間形成機能

三つめは、日常の空間形成機能である。

２００６年１月27日、大阪地方裁判所は、大阪市北区の公園でテント生活をしている男性が公園を住所として認めないのは不当とし、北区長を相手に転居届の不受理処分の取り消しを求めた行政訴訟で、公園での住民登録を認める画期的な判決を下した（2007年大阪高等裁判所では原告側が敗訴となった）。この時の裁判を傍聴する機会はなかったが、裁判記録を閲覧できた。その記録には大阪弁がしっかりと記録されてあった（原告への弁護人の尋問だけを抜き出している）。


（前略）

今は、どこに**イハル**のかな。

（中略）

甲6号証の6枚の写真のうち、あなたが**寝テルトコ**、ごはん**食ベテルトコ**というのは、どれかな。
⑤の写真で、どこで**寝テハル**のかな。
手前のブルーシートで寝てて、ごはんはどこで食べてるの。

ごはんはその横の奥のブルーシートで食べてると、こういうことかな。

（中略）

調査員が来る**ワケヤネ**。

この裁判を起こした理由について訊きます。前、住民票を置いていた住吉区からこの住民票を移す必要が生じたんですか。

（中略）

そこに住民登録するのは何のためなんかな、どういう理由でそういうふうに**シハルンカナア**。

あなたの方から、何か、警察に**イウタンカナ**。

（中略）

そのまま**置イトケ**と言われた。

警察も扇町公園に移すのは**無理ヤロ**というふうに**イウトッタ**わけ。

（中略）

その知らせが来たんで、あなたとしては区役所のほうに尋問とか抗議に行ったんですか。（中略）

警察は住んでないところに移したら、今度こそ逮捕して、裁判にするぞと**イウトッタ**わけですよね。

ところが、Kさんの家に置いてる住民票は北の区役所が取り消したわけですよね。

職権で**消シヨッタンヤネ**。

ソヤカラ、扇町公園に移したら、今度は**認メヘン**と。こういうふうになったわけですね。

大阪市はあなたの住民票の異動を却下する理由について、どういうふうに**イウテ**ましたか。

（中略）

警察があなたがそこに住んでいることを知っているというのは、何で言えるの。

（甲6号証を示す）

今話に出た居間代わりに使っているところていうのは、イスとかテーブルが置いてある、**ココヤネ**。

あなたがどこに**オルカトイウノン**は、市役所の職員も**ヨウ**知ってると、こういうことですね。

住民登録、そうするとKさんの家のは、消除されるし、扇町公園では**登録サセヘン**ということになると、あなたは住民票をどこにも持てなくなるんですか、実際そうなってしまうと困ることていうのは、どういうことが考えられますか。あるいは実際どういうことが困りますか。

住民登録をできないと、住民票がとれないから、身分証明て言われたけれども、要するに、その住民票に基づいて自分がどこの、誰であるかを証明することができなくなってしまうと、こういう**コトヤネ**。

もちろん、**ソヤカラ**、選挙権も行使できないと。

住ンデハル人らは、シェルターは何のためにあると思ってるんですか。

（後略）

後日、担当弁護士に対して行なったフォローアップインタビューにおいて、自身の記録を振り返ると、方言の機能のうち「場の緩和機能」と「日常の空間形成機能」が多いように思うとのことだった。後日届いた手紙から、次のような、尋問にあたってなされた配慮がわかった。

法廷で証言する人は、ただでさえ緊張しているのに、普段と違うことばで尋問されると、いっそう考え込んでしまって、なかなかスムーズに答えが返ってこない、あるいは、答えが本人のことばではない答えで返って来たりするのです。それで、後で調書を読んだ時のことも大事だが、相手から答えを引き出しやすい尋問をすることも大事だと思って、できるだけ証人が普通に使っていることばで尋問しようと考えるようになりました。

インタビューにおいて担当弁護士は、語尾でよく出てくる「ハル」「カナ」ということばは答えてもらいやすいように意図して使っているという。したがって「場の緩和機能」とともに「日常性の空間形成機能」の役割を果たしているように思われる。別の弁護士も、筆者のインタビューに対して「こちらとしては弁護士と証人の間に対等の関係を作りたい、日常を作り出したいと思ってわざと（方言で尋問を）しています。札埜さんのおっしゃるように、僕の場合、方言とは、法廷という非日常の世界に日常を作り出す役割を果たす戦略的手段ですね」と証言している。

弁護士から尋問を受けた原告のホームレスの人はどう感じたのだろうか。後日インタビューの機会があり話を伺えた。

裁判は今から思うと、(何を言ったか) 覚えていないくらいあがってた。証言はこれまで地裁で1回、高裁で1回したけど慣れるもんちゃう。証言をするときに文面に(照らして) 間違ったらあかん、正確に言わなあかん、間違ったりしたら一生懸命に(裁判に) かかわっているみんなに悪いという気持ちやった。(しゃべったことが) 証拠になるから間違わんように気をつけた。大阪弁では(準備の書面) は書いてない。作成したやつをしゃべった。今改めて自分の言ったことを見せられても、違和感はない。意識して大阪弁も使っていない。

緊張していて、意識して大阪弁をしゃべったことはないと振り返っていたが、本人は受け答えで「(行カナ) アカン」をはじめ、「入レヘン」、「オッサン」といった大阪弁を使用している。この大阪弁の表現は、法廷という非日常の世界に、普段の打ち合わせの時と同様の世界を作り出しているからこそ、導き出されているのであろう。「トコ」という表現は弁護士の内省によれば無意識だというが、「ところ」ではなく「トコ」という話しことばを使うことで、法廷の中に日常に近い世界を作り出すことに成功しているようにも思われる(この裁判を調べたことで、ホームレスのかたが東アジアのホームレスの人々と連帯していて交流のためにパスポートが必要であることを初めて知った)。

リズム変換機能、カムフラージュ機能

「リズム変換機能」は証人尋問や被告人質問において見られる機能である。尋問や質問は単調になりがちであり、それを防止するために、ところどころ大阪弁を使うことで尋問や質問のリズムを変え、念を押したり、メリハリをつけて一本調子になることを避ける機能である。

「カムフラージュ機能」とは、ことばの意味に厳密さが要求される法廷の場において、大阪弁を使うことで相手の主張を弱めたり曖昧にさせたり、時には自分の主張をぼかす働きである。

地位確認等の民事事件での例を挙げてみよう。学校の制服メーカーT社が被告で、訴えたのは50代の身体障害者の男性である。見てはいけないパソコンに触れたというかどで、解雇された。

尋問を聴いていると牽強付会《けんきょうふかい》の出来事であり、解雇は計画的だと思われた。50代とい

う年齢は当時中途採用がままならない年齢であり、しかも身体のハンディもある。解雇が策略だとすれば社会的にも忌忌《いまいま》しき問題である。尋問終了後に裁判官が和解を提案した。それに対する被告側弁護士の回答である。終始笑顔で時には笑いながら話していた。

（原告側弁護士に向かって）「実はこういう話も出るか思て（T社社長に？）お願いして**オッタンヤケド**、そやね、連絡して**ブッチャケドウナンヤ、ユウ話、シタンヤワ**。結論ではないけど、たくさん（お金を）出せないゆうことですヮ、**センセ**。**可能性ナイコトナインチャウカ**、とは断定できない。そういう状況が正直なところで、金額から到底（和解は）無理でしょう。それを前提に……」

原告側弁護士：「話し合いのレベルに乗るのか？」

被告側弁護士：「早期に和解できたら……いや、僕ね、今お叱りうける**思ォテヤネエ**……いかほど、金額は？」

原告側弁護士：「2000万円」

被告側弁護士：「何とかいう気は**持ットルンヤケド**……１回（証拠調べの裁判）**入レテモロテモ**いいですけどね」
裁判官：「では３月21日午前10時30分でどうですか？」
被告側弁護士：「この日に書面出したら**エエンデスネ**」
裁判官：「名誉に関する部分が抜け落ちた部分ですが、和解という方法で……金銭的なものか名誉か何を大事にされるかという話になります。和解というのは妥協になりますが……。和解期日入れたいと思いますが、被告側はいつが差し支えないですか」
被告側弁護士：「あのねー、**ホンマ**忙しい時らしいて、いつ頃**楽ニナルンヤ**て聞いたら、『入学式終わってから』……、**ソラ間ニ合ワヘンワ**……ハイハイハイ」
裁判官「では４月18日午前に和解ということで。30分まるまる、みといて下さい」
被告側弁護士：「書面の準備**送ラシテモォテ**よろしいですね」

前述のように、この裁判は社会的弱者を切り捨てるという見過ごせない事例である。原告側弁護士が怒りを交えて尋問するのも当然であった。しかし非常に深刻な裁判にもかかわらず、傍聴していると、そのような重い雰囲気がない。その要因は被告側弁護士の使う大阪弁にあるように思われた。

機能に関して具体的に説明すると「**可能性ナイコトナインチャウカ**、とは断定できない。……**思ォテヤネェ**……**持ットルンヤケド**……**ホンマ**……いつ頃**楽ニナルンヤ**て聞いたら、……、**ソラ間ニ合ワヘンワ**……」がカムフラージュ機能となる。

原告側弁護士が終始怖い顔で尋問したピリピリとした空気は、大阪弁で打破され法廷の空気が軽くなった。「**オッタンヤケド**、……**ブッチャケドウナンヤ**、**ユウ話**、**シタンヤワ**……**センセ**」がリズム変換機能で、これらの大阪弁により一挙に空気が変わった。とりわけ相手を「先生（センセイ）」ではなく「**センセ**」と軽妙に呼ぶことで、その弁護士を軽い存在に変えてしまっている。またお金を多くは出せないことは原告からすると腹立たしいことであるに違いないが、大阪弁でことばを塗り固めて話されると、話の深刻さが消されてしまうようだ。この件について原告側は何の反論もしないどころか、弁護士も原告もうなずいていた。「**ブッチャケドウナンヤ**、**ユウ話**、**シタンヤワ**」という表現にあるように本音で語っているから、かえって反論ができないのだろう。

「**可能性ナイコトナインチャウカ**、とは断定できない」という表現は、カムフラージュ機能の最たるものである。傍聴していて一瞬何を言っているのか、狐につままれたような感覚になった。結局「可能性はある」ことを断言できないと主張しているわけだが、「可能性はない」という、原告側にとっては納得できない主張をぼやかせて述べることに成功している。

支払いの金額に開きがあるというお金の大事な話についても「**思ォテヤネェ……持ットルンヤケド**」という大阪弁を交えて表現することで、曖昧にしてしまっている。和解期日についてもできるだけ早い時期に原告側も裁判所も決めたいであろうが、そういう重要な期日についても「**ホンマ……**いつ頃**楽ニナルンヤ**て聞いたら、……、**ソラ間ニ合ワヘンワ……**」という大阪弁を混ぜて話すことで、原告側として無理であることを角を立てずに主張している。「無理です」と言えば角が立つであろうが、これだけ大阪弁のオブラートに包まれると、妙に納得した気分にさせられるだろう。

この被告側弁護士の口調は、店頭で客相手に物を売る際に使うことばのようであった。終わってからも、傍聴人として、上手にええ加減に（粗略に）丸め込まれた裁判、という感が抜けなかった。

引用機能

「引用機能」は、方言のことばや方言の入った会話が事実を証明する証拠として引用される機能である。例えば恐喝事件における脅し文句は方言であり、それを共通語に置き換えることはできない。つまり証拠としてその方言でしか意味が伝わらない場合に引用機能は登場するのである。

恐喝の刑事事件からである。被告人は以前は工員をしていたが現在は無職で、前科が12犯。妹宅に居候して小遣いを2、3万円もらっていた。パチンコ代欲しさに、飲食会社とりわけ洋菓子には因縁をつけやすいことに目をつけ、奈良県の、ある洋菓子チェーン店に狙いを定めた。「店で買ったイチゴタルトを静岡県のヤクザの組長に持っていったところ腐っていたので、持っていった2人の組員が殴られた。許しを乞うために2人分1万6000円を払い、組長が奈良の店に電話をしないようにするために抑えているところである」といった内容をでっち上げて、金を脅し取ろうとしたわけである。以下、検察官の冒頭陳述より。

……女性従業員に「**ドウシテクレルンヤ**」……「**買ッタンヤ**」……「**持ッテ行ッタンヤ**」……「ヤクザの組長大変**怒ッテルンヤ、ドウシテクレルンヤ**」……「大変ヤッ**タンヤ、**若い者2人。この件**ドウシテクレルンヤ**」……「**ソンナモン**で済むか、どうなるか**ワカットルンカ**」……「**オマエトコ**誠意**見セロヤ**」……「**ドウスルンヤ**。自腹で**払ウンカ**」……「俺が嘘ついてる**ユーンカ**。**若イモン**と行くぞ」……

太字箇所が引用機能である。恐喝や脅迫事件の場合、どんなことばで威嚇したのかが重要な問題となる。そのことばから本当に恐喝や脅迫の意思があったのかどうか見極める必要があるからだ。したがって、言ったとおりのことばを引用しなければ意味がなく、標準語に置き換えることができないのである（恐喝されて店側は払うことを承諾した。被告人は受け渡し場所を大阪・梅田駅に指定し、自分は忙しくていけないので舎弟の山田に渡せ、と告げた。店側が当日3150円の焼き菓子と現金を持参したところ、被告人が警察に捕まえられたという顛末《てんまつ》であった）。

裁判官でも大阪出身であれば大阪弁を使う裁判官がいる。Mという裁判官は裁判傍聴で知るようになった裁判官であるが、自分の中では「大阪弁判事」と名付けていた。今でも被告人に向かって「あんた、アル中やろ！」と呼びかけた大阪弁が耳から離れない。

かつて大阪拘置所では「鬼の本間に、蛇《じゃ》の竹澤、情け知らずの畠山。助けて下さい、アミダ様」ということばが受刑者の中で流行ったという。「本間・竹澤・畠山裁判官に当ったら救われようがない、救って下さい、どうか阿弥陀様」という意味であるが、実際に「網田覚一《あみだ》」という伝説の裁判官が存在した。兵庫県高砂市の出身だが、法廷では関西弁を使ったらしい。戦後、闇市がここかしこに出来た頃、闇市で商売をした被告人の裁判を担当した。温情判決であったのだが、その時被告人に向かって「これからは、見つからんように闇やれよ」ということばをかけた話が伝わっている。「そこの泥棒！　おまえ、前に来い！」など乱暴なことばの時もあった。「被告人にわからないことばを使っても意味がない。こう言われないとわからんのや」とその意図を周囲に話していたことから、あくまでも裁判の主人公である被告人にわかることばをこころがけた裁判官であったと思われる。

法廷で大阪弁を使えるのは誰か

「権力・権威」の視座から法廷での大阪弁を見ると、差別と排除の問題が立ち現れる。前述の「攻撃機能」に見られることだが、法曹関係者が法廷の中で使う大阪弁は、時として法廷内の弱者である被告人や証人を追い詰める「弱い者いじめの道具」となる。つまり大阪弁が権力・権威あることばとなるのである。

法廷の中での大阪弁は、従来の方言研究で明らかにされてきた「プライベート（くつろいだ場）で使われる」、「仲間意識を形成する」、「親しい人ほど使う」ことば、という知見が必ずしもあてはまらない。「オフィシャル（かしこまった場）で使われる」、「相手を攻撃する」、「疎《そ》の人間関係にある対象ゆえに使う」ことばとなるのである。

法廷で見られる大阪弁の機能を主に誰がどんな目的で使っているのか、という点から考えると、問題になるのは暗黙の裡《うち》に、大阪弁使用が許されているのは誰か、という点である。つまり、大阪弁使用の主導権を握っているのは、——意図的にせよ、無意図的にせよ——法曹関係者たちなのである。法曹関係者にとって大阪弁は戦略として機能していると いえる。ただし、法曹関係者にとって自由に操れることばとして機能しているだけで、市民には閉じられたことばとなっているのである。市民が意図的に使うのは「引用機能」だけである。攻撃機能を兼ねて「法律の素人」である市民が戦略として大阪弁を利用するケースもあるが、それは例外中の例外である。ただ無意図的に大阪弁を市民が法廷で話す場合はある。市民がそのことばを方言ではなく共通語だと思い込んでいる場合である。

弱い立場の人を救う方言

見方を変えると法廷での大阪弁は「緩和・和解」の側面を持つ。法廷内の雰囲気を緩和させる働きについては前述のとおりであるが、京都地方裁判所に勤務していた裁判官から「民事ではことばで納得する必要がある。関西弁は民事ではうまく働く。とりわけ調停では良い方向に働く。威厳が外れるからであろう」と聞いたことがある。

大阪弁も同じで、解決のためのことばとしての機能があるといえよう。裁判員裁判の評議の内容については公開されていないが、もし評議で大阪弁が多用されていたら話し合いもざっくばらんな感じで進むように思われる（戦前、大阪での陪審裁判で大阪弁が評議で使われていた記録が残っている）。

一方、大阪弁は法廷で弱い立場の人たちを救う武器ともなる。通常、市民は法廷で大阪弁を使わないが、そのタブーを破って大阪弁を使うことで、裁判の行方に影響を与えることがある。

飯塚事件（1992年、福岡県飯塚市で女児2名が殺害され、否認し続けた被告者が死刑となった事件）を始めとする冤罪《えんざい》事件や薬害エイズ訴訟、ハンセン病国家賠償訴訟などを手掛けてきた徳田靖之弁護士は、方言は民事訴訟、とりわけ国家相手の訴訟でその威力を発揮するとして、次のような話をしてくれた（２０１９年1月21日　於徳田法律事務所）。「関西弁」とあるがもちろん「大阪弁」と置き換えても通用する話である。

ハンセン病国家賠償訴訟の時、神戸で沖仲士《おきなかし》の手配などをしていた人ですが、打合せを標準語でしたのです。しかし標準語で答えようとすると全然被害が伝わらないのです。それで普段の関西弁で喋るとすごいことばが豊富に出てくる。聴くほうの胸を打つのです。

国側の弁護士の質問に異議を出して撤回を要求する場面があったのですが、その時も彼は「ええやんか、言わしたれや」と言い放ったのです。（関西弁を使うことで）こういうふうに法廷で自分のペースで喋《しゃべ》れるようになっていった。「あんたらなァ、わかるか。小石を池に投げたら波紋が広がるやろ。われら、それやで」といった表現は標準語では絶対出ない。どういうことばで話すかが大事なのではなくて、日常性というか緊張から解放されて自分のことばを余す所なく話せる、話せる状態にあることが大事なのです。それを実現する手段として普段のことばで喋るということです。喋る側が思いを余す所なく表に出す手段として、方言は有効です。広がりや深まりがあるので、聴く側にも理解しやすくなる。

ハンセン病の場合、長い年月、隔離、差別、偏見に晒《さら》され続けてきた被害を思い出しながら語っていく、何十年後に法廷で明らかにしていくには、感情や考え方を解き放しておかないと出てこないですよね。

法廷という所は閉塞感のある空間です。訊かれたことだけに答えていくという非常に制約された形で自分を語らねばならない。そのような状況の中で、普段のことばでしゃべれるようになることは非常に大きい。民事について言えば、方言は自分の被害を話しやすくなると言えますね。

徳田氏が述べる働きは前述の「日常の空間形成機能」に当たる。関西弁で語る場面をハンセン病違憲国賠裁判全史編集委員会編（2006）『ハンセン病違憲国賠裁判全史　第7巻　被害実態編　西日本訴訟（Ⅱ）』皓星社、326ページより引用しておこう。

だからね、これは、一言言いたいんやけどね、この厚生省のお役人がその当時、この池の上に石をぽつんと一個置くでしょう。ほなら、そこ、輪が広がるわね、ぽーっと、その輪の恐ろしさいうのを知っとってか。うちの家族、お姉ちゃん、お兄ちゃんの子ども、孫の代まで、ほなら、今度は嫁はん、嫁はんの兄弟、ね、それをみな今わしがその岡山県邑久郡《おくぐん》邑久町●●●●●●（筆者注：引用文献には地名と番地が記してあるが、ここでは伏せておく）いうのを住民票を取ったら、すぐにそこ何の島やいうことはすぐ分かるわけですわ。だから、あんたらは、らい病やでいうたって、今度、ぽろっと変えて、ハンセン病やで言うたところで、そんなもん、わしらの輪が消えることないで。

法廷を「日常」とする法曹は自由に方言を発することができる。一方、市民にとって法廷は「非日常」であるから方言で発言することは難しい。しかし法曹が持つ権力性に対して、市民が長年の思いを訴求する国家賠償請求訴訟において、方言を使うことが自分の心情を吐露する点で有効であることは、方言権（方言で話す権利）の行使の効果であるといえる。また国家賠償請求訴訟での原告の方言使用は、心的接触機能のうち、国家を追い詰める攻撃機能や、原告が非日常の世界（法廷内）で自身を表現する世界をつくる日常の空間形成機能を備えているといえる。

裁判の性質によっては、方言権の行使が有効であることは、今後弱い立場にある原告の闘い方に示唆を与えることになるだろう。徳田氏は関西弁を例に効力を述べたが、その力は大阪弁にも当然当てはまるであろう。

権力に対してＬＩＦＥを対置する

その話者にとってのアイデンティティである方言を無理に共通語に「翻訳」して話すことで、かえって事実を語ることが難しくなる可能性がある。権力に対してＬＩＦＥ（生命や暮らし、個人の生き方）を対置する意味において、人生を左右する法廷で市民が自分のアイデンティティを形成することばを使う意味は大きい。アイデンティティとはその人「そのもの」であるゆえ、権力的に弱い立場の市民の側に誰にでもわかることばを要求するのではなく、権力的に強い立場の法曹関係者の側にこそ、市民の話すことばを理解しようとする義務が存在すると考えるべきである。

全員がその方言に通じているわけではないので、誰にでも理解できることばが使われるべきであるという論理は、一見すると正論のように思えるが、弱い立場の側に立つ論理ではない。自分の気持ちを一番込められる方言で話すことでしか、事実を語れない場合もあり得るのである。それが大阪弁であれば、大阪弁はその話者自身を救う力となるのである。

取調べでの大阪弁

自供へ導く関西弁

ここでは筆者の研究テーマの一つである、取調べと方言の働きについて述べる。「大阪弁」としないのは調査・場所が大阪に限定されないからである。関西弁の「負」の部分、「影」の部分であるといえる。きっかけは事件発生より25年間の闘いの末、無罪判決を勝ち取った甲山《かぶとやま》事件（1974年3月、西宮市の知的障がい者施設「甲山学園」で園児2名が浄化槽から遺体で発見された事件）の冤罪被害者、山田悦子氏との対話からである。

「取調べのことばは最初はよそいき、親しくなると関西弁。それはやがて人を追い詰める暴力的なことばと化し、被告人もことばを合わせようとする。そして落とす時は関西弁。虚偽自白、冤罪は方言のやりとりから生まれる」

検察官、警察官など取り調べる側からすると、相手の胸襟《きょうきん》を開いて、人間関係を構築するにあたって、関西弁は有効に働くようである。「『またやったんか？　親もおるやろ、どうすんねんや？』と話しやすいように訊いてやる」（元検察官）というように、場面に応じて使うということである。以下、何人かの警察関係者に話を聞いた。

参考人が東京出身者だった時に大阪弁で取り調べた時は怖がられたが、逆に関西出身の被疑者は共通語には心を閉じるようである。「関西の犯罪者からしたら東京のことばはイラッとくる。事務的な対応には喋らないです。標準語は冷たい、事務的に聞こえますね。関西弁でないと響かない」（元警察官）という。

「自ら話させる状況づくりです。この刑事なら喋ってやってもいいと思わせることです。人と人の交わりですから、人間関係をつくります。関西で調べる以上、お国のことばで話した方がいいです。初めから犯人扱いしたら喋らないです。全て曝《さら》け出せる人間関係を作れるかです。取調べといえども親身になって聴いてやることが大事です。厳しくいくか、正攻法でいくかも見極めです。年上の場合は人生の先輩として自尊心を傷つけずに、『お

やっさん』と言いますし、呼び捨てにする時も、ため口でいくで、と言います」（警察官）
「自供させることを『カチワリ』と言います。短気は損気で、短気を出したら警察の負けです。言おうか言おうまいか落ちる瞬間を『半落ち』と言いますが、その時は水を飲みますね。その時は考える隙を与えず『～ちゃうんか、～ちゃうんか』と矢継ぎ早に。決める時は、事務的な口調で心に入っていく話し方を工夫します。『あんたが憎いわけじゃないんやで。反省してもらって、この事実について知りたいんや。ほんまはどうなんや。警察はそこが知りたいんや。あんたを憎くて言うつもりはない』と。罪を憎んで人を憎まず、です」（警察官）

罪に落とそうとしているだけ

ただ、検察官や警察官が述べる被疑者との人間対人間の関係は、弁護士の立場からすると「特殊な人間関係」でしかないようである。前述の徳田氏は次のように解釈する。

「特殊な人間関係とは、自分（取り調べられる側）の全てを、今後自分がどうなるかを、この人たち（取り調べる側）に握られてしまっている、とてつもなく恐ろしい関係性です。この状況の上で、なおかつ自白させるために、自分のことを親身に考えてくれているんだ、と思い込ませる偏った状況をつくっていくのです。冷静に考えると罪に落とそうとしているだけなのです。

取調室の狭い空間の中では、やっていないことを認めて、まあいいか、と思わせられるのです。刑事（裁判）に関していえば地元のことば（方言）であるかどうかは関係ない。冤罪において方言が何らかの働きを果たしているとするなら、自分のことを思ってくれているという錯覚を与える手段が方言ではないでしょうか。特殊な人間関係の多くは逮捕された時点でできるのです。取り調べる側に全部握られているという圧倒的優位に立たれている関係性です。

その圧倒的優位性がつくれない被疑者、例えば黙秘したり態度が荒々しく少しも優位性を認めない被疑者に対して、荒っぽい方言が投げ掛けられるのでしょう。本来は方言で徹底的に言われなくても関係性はできているのですが、優位性を認めさせる手段として（取調べ役に）脅し役が存在するのです。

脅し役となだめ役があって、なだめ役の方言のほうが、心配してるんやぞ、と入っていける効果があります。でもなだめ役で自白を引き出せないと、脅し役がエスカレートして圧倒的優位性を認識させていく手段として迫力ある方言を使うのです。彼らは圧倒的優位の関係性をつくるんですよ。取調べの基本は心理的に支配するということです。取調べにおける方言の効用というのは、刑事事件では思いも寄らぬ不利な事実を認めさせられる心理状況をつくってしまうことです。標準語であればつくれなかった自白を引き出す環境をつくるのが方言だといえるでしょう」

冤罪で取調べを受けたミュージシャン

実際に被疑者として大阪弁で取調べを受けた立場からはどのように受け止められるのであろうか。大阪府泉大津市のコンビニエンスストアから1万円を盗んだとして、メジャーデビューを控えた2012年8月に強盗容疑で逮捕、窃盗罪で起訴され、302日間勾留された後に、2014年7月に大阪地方裁判所岸和田支部で無罪判決を勝ち取った「SUNDYU（サンードュー）」こと土井佑輔氏は、現在3人組音楽ユニット「MIC SUN LIFE」の代表者であり、冤罪当事者の体験を活かして、音楽活動を通じ冤罪撲滅活動に取り組んでいる。

取調べを受けた時のことについて、土井氏から話を聞いた。

警察は2人組で取調べを行なったという。「硬」と「軟」の役割を持ち、「硬」がT刑事、「軟」がK刑事だった。まず「軟」のK刑事から取調べを受けた。

「おまえ、夢あるやろ。もう21歳なるやろ。ちゃっちゃっと認めてリセットしろ……」。勾留されて2日間普通に会話をしたが、弁護士が来てからは「黙秘します。全否定しますよ」と述べると「そんな感じでくるんか。そんなんええねん」と対応され、1時間の黙秘後も「どや、1時間たったけど」（土井氏「どやって何？　どやって？」）「まだそういう感じか？　21歳で夢とかあるやろ……で、どや？」「黙秘します」「ほ、黙秘か？」といったやりとりが続き、関係のない話（土井氏「Kさん、家族いてんすか？　子ども3人ほしくないすか？」など）は自らしても「16日は何してたんや？」と訊かれると「黙秘します」と応じた。

1週間その調子が続くとようやく「硬」のT刑事が口を開いてきた。「何が否認じゃ！　クソみたいな奴、タマついてんのか！」というような調子で、威圧的で「暴言」と呼ぶべきことばであった。土井氏からすると「おまえ、こら、わかってんか、こらっ、何が否定じゃ」といった直接自分を攻撃する口調は何ともなくても、自分を通さずに自分の関係者を攻撃されるのが最も辛かったという。「おまえみたいな奴にはクズみたいな女しかおらんかったやろ」といった表現である。土井氏にすればいらだちや憎しみしかないわけだが、それが相手側の狙いであり、周りを傷つける「架空の人質司法」であったと分析する。取調べにおける「硬軟」の大阪弁の効用を、被疑者の立場から次のように語る。

「(硬にしても軟にしても取調べの) 大阪弁は自分から話させる状況づくりですね。軟のスタイルは泣き落としでしゃべってもいいと思わせて、一緒に言おう、一緒に自白をつくっていこう、そばにいるよと優しく接する大阪弁ですね。硬のスタイルは相手のフラストレーションを溜めて爆発させて、言わせてボロを取るやりかたですね。

大阪弁の迫力は凄いですよ。身体的暴力はないですが、机を蹴ったり動作が伴って、音でビビらして隙間に入り込んで畳み込むように来ます。『硬』の大阪弁も初めは戦略だったんでしょうが、逮捕した以上は何とかして自白をさせなければと思うんでしょうね、最後のほうはほんまに怒ってました、マジ切れというやつです。終《しま》いには軟のK刑事も大きな声出してましたから。大阪弁であるがゆえにきつかったというのはあります。『君の彼女、どうせクズみたいな奴でしょ』などと共通語でされたら、怒りや憎しみは柔らかく出たでしょうね。大阪の中でもきついといわれる南のことばでしたから、なおさらパンチ力がありました」

そのパンチ力は身分と相乗効果があると思われる。終盤には階級が上の警察官に「おまえ、裁判所でごめんなさいゆーても遅いからな。おまえ、ケーサツなめとったらとことん苦しめたるからな」という脅し文句を吐かれた。この大阪弁のことばを聞いた時に土井氏は「ハイ、殺す」の予約をされた感がしたという。「出てきたら殺されるやろな。国家権力って無罪を有罪にすることくらい、できるんやろな、間違いを正しいに変えられるんやろな」と感じたとのことだった。

一方、被疑者の立場から土井氏も大阪弁を「武器」にしたのである。土井氏は取調べにおいて、大阪弁で応答しながら笑いに転換していったという。この点については「すぐにボケたがる、性格がポジティブだからできた」と自己分析している。T刑事が怒鳴る間、敢えてK刑事の方に目を向けることで「こらっ、こっち見ろ、おまえ、聞け、コラ」という発言を引き出し、K刑事に「ほんま、うるさいっすよねえ。Kさん、なんとかせんと。聞いてられへんすよねえ」といった、とぼけた大阪弁で応答していたのである。

権力を持つ側の大阪弁に対して、一市民として大阪弁で対抗し、自身のアイデンティティや尊厳を守ってくれたのも大阪弁だったのである。大阪弁は笑いと密接に関わる方言だからこそ、こういった力を土井氏に与えられたのかもしれない。

取り調べる側の方言使用は、時として罪のない人を追い込むことばになることを権力を持つ側は意識したほうがよいであろう。冤罪を生み出す際のことばは方言に限らず、共通語の時もある。いずれにせよ「ことばの使い方」への「意識」をするだけで冤罪の発生を抑止することにつながるであろう（大阪弁をはじめとした方言と冤罪の関係性においてはまだ研究途上にある）。

福祉の現場での大阪弁

福祉の現場で大阪弁は効力を発揮する可能性を持つと考えられる。実際に関西で福祉行政にあたる公務員にインタビューを行なった。関西のある都市での調査であったので「関西弁」と称している。

仕事を進める上でいろんな話を聴いていく必要があります。その際共通語では広げづらいし話しづらい。方言で近い距離に感じてもらった方がやりやすいです。

例えば母子家庭を訪問した際に、子どもが学校から帰っていきなり敬語で話しかけられたら、話しにくいですよね。でも関西弁で声をかけて、

「最近学校どや？　しんどい？」

「こないだ、こんなんあった」

「知らんな。何やろ？」

といった会話の中で虐待の話が出てきて児童相談所と連携する時もありますし、「枝葉」（何気ない関西弁のやりとり）の所で（情報が）ひっかかりもします。「彼氏」の影があるとか、入り浸っているとかなると問題ですから。


インタビュイーはもともと関西の大学出身だが、関西の出身ではなかった。大学時代から関西方言を話せなかったが、ケースワーカーとして働いてから喋れないことが仕事上の不利になることを実感し、仕事がやりにくく感じたので、関西方言を努力して喋るようになったという。そうすると仕事の上で「関西人でない」ことを指摘されることがなくなり、「関西弁は役所の人間と非関西人という二つの壁を打ち破るツールになった」と述べる。

これは大阪弁にも通用する話であろう。福祉の現場においても、困っている市民にとってプラスになる大阪弁の活用を願いたいものである。

税務調査官の大阪弁

大阪国税局の調査能力が一番高い理由

「税金」を扱う行政の現場で、方言はどのような機能を持つのであろうか。関西の税務署や大阪国税局に勤務した経験を持つ、大阪府出身のZ氏にインタビューを行なった（インタビューでは「関西弁」と称したので、そのように記述しているが、「大阪弁」と言い換えても差し支えないと考えられる）。

Z氏によれば税務は他の行政サービスとは本質的に性格が異なるという。氏は納税者を「お客さん」と呼ぶ。

書類不備であれば、取りに帰って、と言えるわけです。税金の徴収はそういうわけにはいきません。書類の書き方わからへんかったら教えますし、来た時に帰したらあかんのです。書類不備ですと言《ゆ》うて帰したら二度と来ません。後で払うわと言われてもいつ払ってくれるかわかれへんのです。今払わさんとあかんのです。ですから役所で一番親切です。

我々の手法にも『現況調査』といって任意調査はありますが（筆者注：強制調査は国税局査察部のみ）、別に捜査令状を持っているわけではないんです。任意ですから相手の同意がいるんです。お客さんの協力がない限りビタ一文取れないのです。したがってコミュニケーションの位置づけも異なります。役所の中でどんなことばを遣おうがそんなことはどうでもいいんです。それはウチ向きの話です。お客さんいてのソト向きの仕事なんで、用紙がないという声を聞いたら、用紙ありますよ、とこちらから持って行きます。お客さんが情報をくれない限り動けないのです。

方言の入り込み方も違ってくると思います。我々は納税者からしたら来てほしくない嫌な相手です。中小企業の社長や小売の経営者からしたら自分の財布に手を突っ込まれるようなもんです。でも個人の懐《ふところ》に入り込む時に方言を使うのは有効な手段です。ビジネス上の共通言語は、ずっと商売されているかたを対象とするので、関西弁です。話の枕でいかにうまくコミュニケーションをとってどんな人間関係を築くかです。

ですから、冒頭に『どうでっか？　もうかりまっか？』『ぼちぼちでんな』という会話をするのは普通です。半日かけて通常のお金の流れを把握して、イレギュラーの箇所を書類から見つけるのですが、方言を使ったほうが本当のことを言いますね。『どうしてですか？』より『あんた、言ってること、違うやん？　なんででんねん、社長？　なんでこんなことしまんねん？』というふうに、意図して方言を使います。

商売人の共通言語を使いながら相手を怒らさないように会話を継続し、税を納めてもらう方法はビジネスそのものといえるだろう。

むりやり追徴して会社を潰したらだめなんです。灰色の部分などは相手にも言い分があります。（追徴の）100見つけたら、（全部払って会社が潰れる場合など）『50は今払うてや。50（期間損益のずれなど）は今度しっかり儲けて（納税）し直してや』と関西弁で入って、同じビジネスの土俵で勝負してビジネスのセンスの範囲内で話をつけていかないと相手は納得しません。納得させて正しい方向へ導くというか、納得させなあかんところが他の行政と違うところでしょう。

租税法律主義ですから、負けてあげるとかひどく取られることもないですが、ある意味一番融通のきく役所やと思います。方言で相手の世界で情報収集して調査を進めていく役所ですね。ちなみに大阪国税局は調査能力が一番高いんです。それは関西弁という商人とのコミュニケーションツールを持っているから、方言が効いているのかもわかりません。東京は権利意識が強いから標準語で法律でバシバシ割り切る。税の世界の文化の違いでしょうか。

税務の大阪弁と商談の大阪弁の共通点

大阪弁は「笑い」とつながるが、調査の現場にも笑いが生まれるという。「『机開けていいですか』と言うと『いやです』と言われるので、『(机) 開けるで〜』と笑いを入れながら調査します」。大阪弁で言うと返事をする前に開けているが、拒否はしてないことになる。早く打ち解けて早く本音を引き出し、相手の隠すことをどこまで掴むか、些細な情報をすくい上げるのに大阪弁は「武器」となる。納税者との関係は権力を抜きにした信頼関係であり、一つのビジネスをどうやって続けていくか一緒に考えていくビジネスパートナーとしての横の関係である。

「どうしたらよろし？」

「契約をこう変えたら？　こういう取引やったら、いらん税金払わんでいいですよ。今度からそないしなはれ」

というふうに、納税者に喜んでもらうという。

税務の現場の大阪弁の機能は商談の大阪弁の機能と似ている。「話を途切らせない継続機能」、「角を立てない喧嘩防止機能」、「自分を鼓舞する機能」、「仲間意識を共有する機能」「利益につながるコミュニケーション機能」の五つを挙げた。税務職員は、話を切って帰らせたり相手を怒らせてしまうと、情報をもらえないどころか、納税もしてもらえない。ゆえに人間関係を築き情報を引き出すために商売人の共通言語である方言を駆使して同じビジネスの土俵に立ち、交渉したり相談にのりながら納税をさせていく点で、商売人と同じであるといえよう。その点において税務の大阪弁は「自分を鼓舞する機能」を除いて商談の大阪弁同様の機能を持つと同時に、「情報収集機能」「コンサルタント機能」を持つといえるだろう。

コラム7

農と衣に関する大阪弁

「なにわ」は「菜」の「庭」説もある。農業に携わっていた父親《テテ》（おとん）から教わった「農」にまつわる大阪弁についてまず記そう。

「ノエイキ」とは田畑に行くこと。畑には「ごぼう」でなく「ゴンボ」、「なす」でなく「ナスビ」、「エンドウ」でなく「エンドマメ」、「かぼちゃ」でなく「ナンキン」、「まくわうり」でなく「マッカ」が実る。

米には「チンチンミズ」が必要。澄んだ良質の水のこと。「チンチン」は「沈沈」か。水を引くと田圃《たんぼ》は「ジュルク」なる。「ぬかるむ」よりも「ジュルイ」方が、田植えで泥にまみれているイメージが湧く。

夏は草が育つ。炎天下の草刈は辛い。草むらに「ハメ」がいないか気になる。「ハメ」とは「蝮《まむし》」のこと。古語の「食む」が語源で「ハブ」も同じらしい。「ハメ」を通じて琉球とつながる。

「稲刈り」ではなく「タカリ（田刈り）」。新米の対語は「コォマイ（古米）」。以前「コォマイ」と聞いて何のことかわからなかった。

オモロイ大阪ことばを二つ。擬人法が笑える。「イモヤシキ」とは芋の苗床。確かに芋がたくさんいる屋敷に違いない。「クライヌケ」とは食べてすぐトイレに行く人。「食らい抜け」は60キロ俵に米を入れる際使う漏斗《ろうと》。米を流し込むと一気に流れ落ちることから来た。さて擬「物」法？と呼ぶべきか。

なるほどと思ったことば……「田圃はきれいにし過ぎたらアカン。テ（手）ェ掛け過ぎると稲がヨワナッリョル（弱くなる）」……教育に関わる筆者にはその本質を考えさせられることばだった。

母親（おかん）からは「衣」にまつわる大阪弁を教わった。実家が元々呉服屋だったが、嫁いで来た母親が継いでいた。

「こぉとな柄やなァ」……〈こぉと〉、上方と江戸の風俗を紹介した『守貞漫稿《もりさだまんこう》』には、「派手」の反対語として紹介され江戸で「じみ」とも言うと述べられているが、今でいう「地味」や「シック」ではなくそこに上品さが伴う。「高等」に由来するらしい。

「はんなりした柄やねぇ」……〈はんなり〉は京ことばとして受け取られがちだが、大阪でも使う。「花なり」、「映えなり」など語源は諸説ある。「はなやかな、はればれとした、陽気な」の意味だが、明月の明るさ・夜桜の美しさだと言われ、単純に「派手」の意味ではない。

つぎあてることは、つぎはぎの布を色紙に見立てて「色紙《しきし》当てる」と言う。大阪は決して灰色の街でも原色の街でもなく、本質は多彩な色合いのとれた程よいパッチワークの街。おしゃれに関する雅なことばも豊かに存在する。大阪を見るものさしは「笑い」以外にも多様にある。

コラム8 大阪弁クイズ

大阪市立住まい情報センターより講演を依頼された際、「大阪弁クイズラリー」としてパネル展を同時開催した。その時に作成した大阪弁クイズを、本書でも紹介しよう。なかには、本書の中に答えがある問題もある。25問中20問以上わかったら、大阪弁の通である（答えは173ページから。ただし答えには諸説あり）。

Q1　大阪弁にはアクセントの位置によって意味の異なることばがあります。それを大阪人は無意識のうちに使い分けています。「ぼちぼち」の「ぼ」にアクセントがある場合と、「ち」にアクセントがある場合では、どういう意味になるでしょう？

Q2　「オンゴロ」とは何の動物でしょうか？

Q3　「急《せ》えて急《せ》かん」とはどういう意味でしょうか。

Q4　「今日耳日曜（きょうみみにっちょ）」とはどういう意味でしょうか。

Q5　「天神橋筋六丁目」は「天六（てんろく）」、「ユニバーサルスタジオジャパン」は「ユニバ」、「上本町六丁目」は「上六（うえろく）」というように大阪では場所を略していうことがよくあります。これらも大阪弁の一つと考えることができます。例えば他にどんな場所の略語があるでしょうか。

Q6 今ではすっかり共通語化した「めっちゃ」。大阪では「めっちゃ」がこれだけ使われるようになる前には別の言い方もありました。それは何ということばでしょう？

Q7 商都・大阪にはシャレことばがたくさん生まれました。例えば見るばかりで一向に買う気のない客を「夏の蛤《はまぐり》」（身ィ腐って買いくさらん）、「八月の槍」で「ぼんやり」、「糊屋の看板」で「利益が小さい」（糊屋の看板の「り」は小さく表記した）など。では「お四国さんの日和《ひより》」はどういう意味でしょうか？

Q8 冬の「おでん」。大阪ではもともと「豆腐田楽《とうふでんがく》」のことです。コンビニエンスストアの影響なのか、大阪でも普通に「おでん」と言うようになりました。本来コンビニで売っている「おでん」のことを大阪では何と言ったでしょうか？

Q9　「高野山へ行ってくるわ」とはどういう意味でしょうか？

Q10　連《つ》れと「雨風食堂」に入って、「虫養い」に「山鯨」を食べて「淀《よど》の生一本《きいっぽん》」で乾杯し、勘定は「血みどろ」にした。さて、どういう意味でしょうか？（クイズのため、少し無理のある設定になっています。堪忍堪忍《かんにんかんにん》）。

Q11　カタカナ大阪弁というと「マクド（ナルド）」、「ファミ（リー）マ（ート）」、「ロイ（ヤル）ホ（スト）」などがありますが、「アイスコーヒー」、「Yシャツ」、「駐車場」のカタカナ大阪弁は何でしょうか？

Q12　「足が早い」とは大阪弁でどういう意味でしょうか？

Q13　「堺筋足らん」とは大阪弁でどういう意味でしょうか？

Q14　「おはようおかえり」とは「早く帰って来なさい」という意味ではありません。

どういう意味でしょうか？

Q15 「よろしゅうおあがり」とは「どうぞ召し上がれ」の意味ではありません。どういう意味でしょうか？

Q16 野球には「ど真ん中」、「(ボールを)しばく」など大阪弁が浸透しています。戦時中、敵性語として軍部が英語の使用を禁止したため、アウトのことを「ヒケ」と言いましたが、審判員の間から発音が難しく、選手にわかりにくいという事情から、一時大阪弁が使われました。何という大阪弁が使われたでしょうか？

Q17 大阪というと「がめつい」とか「ド根性」といった大阪弁のイメージを持たれたりしますが、「がめつい」は劇作家だった菊田一夫氏の造語であり、もともと大阪弁ではありません。代わりに「がんまち」、「がんばつ」といった大阪弁がありました。「ド根性」も本来は「腐った根性」という意味で船場商人が嫌ったことばだといわれています。では大阪弁でプラスイメージでの「ド根性」を何と言ったでしょうか？

Q18　「触れる」・「さわる」ことを大阪弁で何と言うでしょう？

Q19　方言学の大家・故真田信治氏（大阪大学名誉教授）は「ネオ方言」という概念で方言の変化を説明しています。例えば共通語「来ない」に関西弁「けーへん」、「きーひん」が接触して生まれた方言などです。「来ない」に「けーへん」、「きーひん」が接触してどのような言い方が生れたでしょうか？

Q20　大阪弁と一口に言っても、昔の行政区分にしたがって「摂津」・「河内」・「和泉」で異なります。泉州地域では「ほんまか」が「ほんまけ」となったり、女性でも語尾に「け」を使います。さて、泉州弁では「鍵をかける」を何と言うでしょう？

Q21　遊ぶ時に年が離れて一人前に扱われない子のことを、東京では「みそっかす」、大阪では「ごまめ」と言います。「ごまめ」とはカタクチイワシのことで、正月料理の縁起物としても出され「五万米《ごまめ》」とも書きます。さて子どもに関わることばとして「てんご」、「きさんじ」という大阪弁があります。どんな意味でしょう?

Q22 東と西では同じことばでも意味が違ってきます（例えば「スコップ」と「シャベル」など）。「やつす」もそうです。大阪ではどういう意味になるでしょうか。

Q23 説明すると長くなりますが、大阪弁だとひとことで言えることばになったりします。「夜具を中央に敷いて、お互いの足裏を合わせて暖を取る様子」、「二人が上下《かみしも》から足を入れ、反対向きに寝る」ことを大阪弁で何というでしょう?

Q24 共通語「捨てる」は北海道弁では「投げる」になります。北海道の友人にゴミをどうしたらいい?と聞いたら「投げといて」と言われ本当に投げたらびっくりされたことがあります。もちろん大阪弁では「ほかす」。では「ほかす」を漢字で書くとどうなるでしょう?

Q25　イエズス会が編集した『日葡辞書《にっぽじしょ》』に掲載されている、今も大阪の「おかん」が朝、子どもを急かせる時によく使うオノマトペは何でしょうか。

A1　「ぼ」にアクセントの場合は「そろそろ」、「ち」の場合は「ゆっくり」。「おっさん」も平板に読めば「おじさん」ですが、「お」にアクセントがあれば「和尚さん」の意味になります。

A2　もぐら。牧村史陽『大阪ことば事典』によれば「もぐら→おんぐら→おんごろ」。筆者が交野市で農業をしていた父親を手伝った際に、近所の農家の人が畔《あぜ》にある穴を見て「おんごろがおるなあ」と言った時にこの大阪弁を知りました。『大阪ことば事典』には「おんごろもち」として掲載されています。掘った穴の土が盛り上がって餅のように見えたのでしょう。

A3　「急いで」という意味。「急ぐけれど、あなたにはあなたの用事があって忙しいでしょうから、その用事を見計らいながらもなるべく急いでやって下さい」という気持ちが含まれています。「急いで（やって）！」では角が立ちます。このように言うことで、相手に配慮を示しつつ、こちらの「急いで！」の気持ちも伝えられる、大阪人の知恵といえるでしょう。以前、高等学校の英語実習助手に説明すると「結局どっちなんだ⁉　英訳できない」と言われました。

A4　「今日、耳はお休み」つまり「聞く気はありません」。ストレートに言うとケンカになりますが、不利な立場に立たされた者が軽くいなす時に使える便利なことばです。

A5　例えば「関空（かんくう）」。「関西国際空港」のこと。わざわざ「関西国際空港に行ってくるわ」という言い方をする人に出会ったことがありません。以前、青森県酸ケ湯《すかゆ》温泉のバス停で、青森空港行きのバスを待っていた東京の人と世間話をした時に、その人は「関西空港」と言っておられて「わざわざ言うんや」と少し驚いたことを覚えています。

ちなみに「近畿国際空港」とならなかったのは英語表記が関係してきます。「KIN-KI」と表示すると「変態な」を意味する英語の「kinky」と間違われ、外国のかたから「近畿国際空港」ではなく「変態国際空港」と思われる可能性がありました。ちなみに大阪にある近畿大学の英語表記は「KINKI UNIVERSITY」ではなく「KINDAI UNIVERSITY」です。

A6 「えらい」。「大変。ひどく」の意味で「えろぉ」とも言いました。大阪人が好んで無意識に使っていたことばでした。江戸時代の歌舞伎狂言作者の西沢一鳳《にしざわいっぽう》『皇都午睡《こうとごすい》』には「京のきつひは、大坂のゑらい」とあります。

A7 「あわてる」（阿波照る）。

A8 「関東煮」（かんとだき）。もう死語になりつつあります。授業で高校生や大学生に聞いても知っている人はほとんどいません。漢字で書いても「かんとうに」と間違って読まれる始末。露店で表示が見られるくらいでしょうか。大阪なのですから「おでん」ではなく「関東煮」と呼びましょう。

A9 「トイレに行ってくる」という意味。「高野（こうや）」は「厠（かわや）」のシャレ。高野山では「髪落とす」、厠では「紙落とす」。

A10 友人と「子どものお菓子からお酒まで甘党も辛党も両方売っているお店」に入って、「腹の虫」を押さえるために「猪の肉」を食べて「水道水」で乾杯して、勘定は「割勘」にしたという意味。
「雨風」は「甘辛」にかけたことば。「虫養い」は「虫抑え」とも言います。「山鯨」は肉食が禁止されていた時の隠語。「灘《なだ》の生一本」にかけて大阪の水道の源は淀川なのでこのようなシャレ表現がありました。「血みどろ」は「切り合い」とも。物騒なことばですが「自腹を切る」ということから来ています。

A11 「レーコー」あるいは「コールコーヒー」、「カッターシャツ」、「モータープール」。明治時代アイスコーヒーは「冷やしコーヒー」と呼ばれたようです。これが「冷コーヒー」→「冷コー」になったという説、大阪での言い方「コールコーヒ」を縮めて「冷コ」→「レーコ」になったという説があります。今も天神橋筋商店街の喫茶店にはメニューに「コールコーヒー」としているお店があります。ちなみにコーヒーに入れるミルクは「フレッシュ」。八尾市に本社を置く「メロディアン」が商品名として「フレッシュ」と銘打っている影響でしょう（フレッシュ発祥は愛知県らしいですが）。

明治の初め、襟の取り外しができる西洋の白シャツが定着し、やがて大阪に本社を置く運動具品メーカー・ミズノが襟《えり》を縫い付けたシャツを「カッターシャツ」の名で売り出すようになりました。運動用品メーカーなので「勝ったシャツ」とシャレで命名したのです。スポーツにも使え、ネクタイも締められる画期的なシャツでした。

「モータープール」は「motor pool」で「配車センターに集められた軍用・官庁用自動車群」（『新英和中辞典（第7版）』研究社）とあるように、「進駐軍ことば」として生まれました。以前は関東でも使われました。福井県に住む農家の人が、大阪で戦災に遭って帰郷していた遠縁に仕事をつくってあげようとして、大阪で手掛けたのがモータープールの最初だと言われています。最初の名称は「自動車ホテル」だったようです。

A12 食物が腐りやすいこと。

A13 甘味が足らないこと。「堺筋」とは砂糖の隠語です。かつて南船場の堺筋を中心に砂糖商が多かったことに由来します。

A14 仕事がうまく終わって無事帰れますように、という意味。もともと商家の挨拶で、丁稚《でっち》が「いて参じます」と言えば、主人や番頭がこう答えたと言います。

A15 「よく残さず食べてくれましたね」という意味。食べた後に掛けることばです。作った物をきれいに食べてもらったことへの感謝の念も込められています。

A16 「アカン」。しかし塁上のクロスプレーの判定に「アッカーン」と言われると全身の力が抜けるとの声が選手の間で起こり、再び「ヒケ」に戻された経緯があります。

A17「胴《ど》（土）性骨《しょうぼね》」。「何にも負けぬ強い魂」、「甲斐性のある心根」という意味です。ただし「太い胴（土）性骨」というと「ずうずうしい奴」になります。近松門左衛門『女殺《おんなころし》油《あぶらの》地獄《じごく》』に「土性骨」ということばが出てきます。

A18「いらう」。漢字では「弄う」。江戸時代の方言辞典『物類称呼』には「関西にて、いらふと云ふ。東国にて、いじる」とあります。

A19「こーへん」。大阪弁を始め方言は、このように次々と新しい大阪弁（方言）を生み出しています。

A20「鍵をかぐ」。「なんとまあ」は「おっしょー」など、大阪市内とは異なる多様な大阪弁があります。

A21　「てんご」とは「転合」と書き、「子どものいたずら」のことです。井原西鶴『好色一代男』のあとがきには「いたずら書き」の意味で「転合書《てんごうがき》」として出てきます。

「きさんじ」とは「気散じ」と書き、「物事にこだわらない、明朗快活なこと」です。わが子があやされたとき「きさんじな子やなあ」と言われ、褒め言葉だと知りました。西区北堀江の菓子店「ル・ピノー」には「三時のおやつ」のしゃれとして「KI《き》3《さん》ZI《じ》」というクッキーが販売されていました。

A22　共通語では「目立たないように姿を変える」意味ですが、大阪では「化粧する、おめかしする」という意味になります。歌舞伎から生まれたことばだと思われます。「二枚連れ（カップル）」に対して「そないにやつしてどこいくねん」などと声をかけるのはやめましょう。

A23　「あとさし」といいます。「あとさしになって　みょおとは昼寝する」（なにわことばのつどい事務局作成「なにわいろはかるた」の読み札より)。仲の良い夫婦や恋人に似合う大阪弁かもわかりません。

A24 「放下す」になります。もともと「放下」とは「ほうげ」と呼んで「欲を捨てる」といった意味の仏教用語でした。吉田兼好『徒然草』にも出てきます。

A25 「ちゃっちゃっと」。岩波書店『邦訳日葡辞書』には「Chachato チャチャト 副詞　速やかに」、「Chachatto チャチャット」というように、ちゃんと掲載されています。安土桃山時代の「おかん」も子どもを急かす時に使っていたのでしょうか。前掲書には「ぼちぼち」も「Bochibochi ボチボチ　副詞　水が高い所から雫となって落ちるさま、および、その音。または鼠が何か物をかじる時に立てる音」として載っています。

「ちゃっちゃとしいや」、「ぼちぼちしいや」と大阪弁で話す時、そのことばが辿ってきた遥かなる旅路に思いを馳せて頂けたら、よりいっそう大阪弁は愛おしい存在にな

――――

るのではないでしょうか。子どもに「ちゃっちゃとしいや」と急かせる時も「今、安土桃山時代から続くことばを使ってるんや」と思ったら、気持ちがゆったりするかもしれません（笑）。

第5章

教育とスポーツの大阪弁

大阪弁を教える授業

学習指導要領では……

筆者は方言学の師匠・故真田信治先生（大阪大学名誉教授）から、次のことを教わった。

標準は一つとは限らない。

その教えに基づけば、大阪の標準語は大阪弁である。ある言語が威信を持つためには「文法・辞書・書きことば」が必要だといわれるが、大阪弁には文法も辞書もある。大阪弁で論文が書けたら「書きことば」もクリアできるのだが、ＳＮＳの世界でも街中に溢れる言語景観にも書きことばとしての大阪弁が存在している。大阪の教育現場に目を転じれば、「大阪弁で」授業をする教室は当たり前の風景である（「標準語」とは戦前からあることばであり、統一した言語を制定するために、方言を駆逐していったことばである。戦後その反省から生まれたのが「共通語」ということばである。「標準語」とは厳密に捉えると、理想的、人為的、かつ規範が厳しい、言語価値を高めることばなのだが、一般的には「東京のことばを中心とした全国で通用する日本語」として捉えられる）。

文部科学省は学習指導要領という告示を約10年に一度くらい改訂して、教育内容や方法についての指針を出している。直近では平成29年（２０１７年）に小学校・中学校の学習指導要領が改訂された。

小学校では５・６年生において「我が国の言語文化に関する次の事項を身に付けることができるよう指導する」とあり、「ウ　語句の由来などに関心をもつとともに、時間の経過による言葉の変化や世代による言葉の違いに気付き、共通語と方言との違いを理解すること。また、仮名及び漢字の由来、特質などについて理解すること」とし、「共通語と方言との違いを理解するためには、共通語と方言とを比較、対照させながら違いを理解し、それぞれの特質とよさを知り、共通語を用いることが必要な場合を判断しながら話すことができるようにすることが重要である。／こうした言葉の変化や違いを明確に意識することは、場に応じた適切な言葉遣いができるようになるためにも重要である」と解説している。

同じく29年に改訂された中学校学習指導要領の国語編（第1学年の内容）では「我が国の言語文化に関する次の事項を身に付けることができるよう指導する」とあり、「ウ　共通語と方言の果たす役割について理解すること」として、「共通語は地域を越えて通じる言葉であり、方言はある地域に限って使用される言葉である。共通語を適切に使うことで、異なる地域の人々が互いの伝えたいことを理解することができる。一方、方言は、生まれ育った地域の風土や文化とともに歴史的、社会的な伝統に根ざした言葉であり、その価値を見直し、保存・継承に取り組んでいる地域もある。／例えば、東日本大震災による被災地域においても、方言を使うことで被災者の心が癒やされるなどした事例が報告されるとともに、方言の保存・継承の取組そのものが地域コミュニティーの再生に寄与するなど、地域の復興に方言の力を活用する取組も進められている。／こうした方言が担っている役割を、その表現の豊かさなど地域による言葉の多様性の面から十分理解し、方言を尊重する気持ちをもちながら、共通語と方言とを時と場合などに応じて適切に使い分けられるようにすることが大切である」としている。

この学習指導要領に沿って大阪で授業を行なうには無理がある。それはなぜか。そもそも大阪弁は東京を中心とした「標準語」に唯一対抗できる地域のことばであり、全国で通用する方言である。大阪では大阪弁が「標準語」であるといっても過言ではない。時と場合に応じて適切に使い分けることが大切だと言われても、大阪人の間では公の場でも大阪弁を使う。大阪弁は「地域を越えて通じることば」であるし、「ある地域に限って使用されることば」ではない。大阪弁を使っても異なる地域の人々に伝えたいことはほぼ伝わるのである。また古き良き大阪弁を残し継承したい思いや動きもあるだろうが、一般的に大阪人は大阪弁を「保存・継承」のことばとは思っていないであろう。方言の教育に関していえば、大阪には大阪独自の学習指導要領があってもよいと考える（これは大阪に限った話ではないが）。

さて、「大阪弁を」教える授業はどうなっているのであろうか。教育委員会レベルでは現場での方言教育事情を把握していないのが実状であり、積極的に扱われているとは言い難い。大阪弁が当たり前すぎるのであろうか。学習指導要領に基づき教科書に掲載されている「共通語と方言」の教材で小学校5年次あるいは中学校1年次に2、3時間触れる程度であるようだ。方言をメインとして扱うというより、むしろ学校によっては、総合的な学習で文楽・落語・昔話をテーマにした授業で付随的に学んだりする。

高等学校においては学習指導要領に方言に関する項目がないので、現場での方言教育は小中学校に比べ少ないといえる。その分、自由度の高い実践も過去には生まれてきた。1993年に芸能文化科が設置された、（女優・中条あやみさんも在籍した）大阪府立東住吉高等学校は、古典芸能や舞台芸術を学ぶユニークなカリキュラムを持つ。大阪弁自体の授業はないが、大阪弁を落語実習においてセリフとして落語家から学ぶ実践が行なわれている。

大阪府下には20校以上の総合学科があり、特色ある科目として大阪弁に関する方言教育が行なわれているのではないかと予想したが、幹事校担当者によると、毎年実施されている大阪府高等学校総合学科教育研究大会では、ここ数年に限っていうと、大阪弁に関する実践は報告されていないとのことだった。また大阪府高等学校国語研究会でも方言教育の実践は把握していないということであった。全国的にメジャーな方言だが、現在教室で学ばれることはほとんどないようである。

四條畷学園高等学校での「大阪学」

そのような中で、四《し》條《じょう》畷《なわて》学園《がくえん》高等学校・藤本陽一教諭が担当する特設科目「大阪学」は極めてユニークで貴重な存在である。フィールドワークを実施し、さまざまな角度から大阪を読み解く科目である。

フィールドワーク先は多岐にわたる。「大阪くらしの今昔館」、「海から空から大阪体感（天保山《てんぽうざん》周辺）」、「津波・高潮ステーション」、「枚方《ひらかた》宿歴史街道と淀川資料館」、「阪堺《はんかい》電車と住吉大社」、「ダスキンミュージアム」、「難波宮《なにわのみや》と大阪歴史博物館」などである。「阪神甲子園球場」へのフィールドワークや「天満天神繁昌亭《てんまてんじんはんじょうてい》での落語鑑賞」なども行なわれている。当然のことながら大阪弁も扱う対象となる。

筆者は2022年9月9日（金）、「大阪学」第36回公開講座の講師としてお招きを受け、「大阪弁の言語景観」と題して授業を行なった。現代とは異なり昔のことばの伝播は1年で1キロであり、地面をはうようにして伝わったことや、テレビ番組によって完成をみた「アホ・バカ分布図」についての話の他に、ひらかたパークの岡田准一さんの大阪弁の言語景観についての内容を話した。ひらかたパークが四條畷学園の文化祭の会場であったことを当日知り、結果的に文化祭の事前学習につながる内容となった。

筆者の大阪（関西）弁授業

大阪人である筆者の現場教員年数は31年間（中学校2年・高等学校29年）で、うち最初の3年間は社会科教員、後の28年間は国語科教員として勤めてきた。現役高等学校教員時代は、勤務先は主に京都の高等学校であったが、国語科教員となってからは4年目（教員7年目）より25年間継続して大阪（関西）弁の授業を学年問わず実践してきた。赴任先ごとに3期に分けて紹介しておこう。

第1期は京都府立東稜《とうりょう》高等学校時代（1989年度〜1996年度）である。方言教育の始まりは全くの偶然からであった。大阪市役所の前を通った時に、大阪弁のポスターが貼ってあり、それを見た瞬間「教材に使える」と判断したのである。ポスターは大阪市が1992年6月から1993年3月にかけて、大阪のイメージアップの一環として作成した媒体であり、大阪と東京の地下鉄および私鉄車内で掲示された。全10回シリーズで、順に「おおきに・そないにやつして・しゃあない・はんなり・ア、こそば!!・ぼちぼち・えらいこっちゃ・これからやねん・ようやるわ・もひとつや」と続いた。梅棹忠夫《うめさおただお》氏や田辺聖子氏、桂米朝氏といった大阪ゆかりの文化人が大阪弁を一つ採り上げ、それにまつわる小文を書いているポスターで、発音の際の音符まで付いていた（「ぼちぼち」なら「ミミファレ」）。阿部真理子氏の色鮮やかでユーモラスなイラストが添えられていた。

早速「国語表現」でそれらを教材として授業化したところ、生徒の反応が良く、これを契機に本腰を入れて方言に取り組むようになった。初期の方言教育の意図は、関西方言を

田辺聖子氏による「ぼちぼち」

通じて世界に思いを馳《は》せ、授業で学んだ考え方や見方をもとに行動していける(「Think globally, Act locally」)力を養うことであった。

俵万智の短歌「この味がいいねと君が言ったから七月六日はサラダ記念日」という短歌及び当時ヒットしていたラブソングの関西弁翻訳、全編大阪弁でアナウンスされたNHK大阪放送局制作『BSスペシャル ぼちぼち出番や! 大阪弁』(1992年11月28日放送)という番組中でニュースを読んだり、交通情報を伝えている大阪弁の効果についての考察(若き日の有働由美子が司会者として、大阪弁でニュース原稿を読んでいる)、朝日放送『探偵! ナイトスクープ』プロデューサー・松本修氏による、「アホ・バカ分布調査」の経緯をまとめた『全国アホ・バカ分布考』(太田出版、1993年）を教材化しての古語と方言の関係についての講義、桂三枝（現文枝）の創作落語『大阪レジスタンス——大阪弁が死んだ日』（言語統一法が制定され、方言が撲滅され、抵抗運動が起こり、最終的には大阪が日本から独立し、国際連合に加盟するという落ち）を劇化したVTRの視聴を通じての感想文提出、といった実践を行なった。

この実践をある全国的な研究会で発表したところ、東北の日本史教員から次のような指摘を受けた。「あなたの実践は関東と関西を比較して全て語り尽くしたような授業になっている。我々東北の日本史を教える教員は教科書に掲載されている『蝦夷征伐《えみし》』の4文字を東北の視点から読み変え、中央集権的な歴史観を打破することから始まる」。この指摘はそれ以降、方言教育を行なう際に忘れてはならない視点となった。

一連の授業経験をもとに、1995年度には自分たちの身近な存在である関西弁を出発点に、異質な「もの」との出会いを通じて、複眼的な思考力・批判力・社会との関わり感の獲得を目指す方言授業を試みた。

この時に京ことばの背景にあるもてなしの文化を理解させるために、座蒲団《ざぶとん》とうどんの鉢を使った授業を行なった。座蒲団を用意しておいて生徒が出し方を実演する、鉢と割り箸を使ってうどんを食べ終わった後の所作をする、誰かの家を訪問して角を曲がって帰っていく時の動作をするという授業である。すると、ほとんどの生徒ができずに「京都人失格だ」という感想が現れた。京ことばにこめられている相手を気遣う心が、京都のしきたりに息づくことを理解させる意図であったが、教育学研究者の故竹内常一氏（國學院大学名誉教授）からの指摘により、この授業の本質はことばと身体が引き裂かれていることへの問題を孕《はら》んでいる所にあったことに気づいた。

この年度では意図して2人のゲストを教室に招いた。一人は福島県出身の同僚の理科教員であり、もう一人はドイツ人の大学教員である。東北から見た関西弁、ドイツから見た関西弁の授業は生徒に関西弁を相対化する視点をもたらした。特に東北の人からしたら「バカ」よりも「あほ」のほうが冷たい感じがするという視点は、衝撃であった。この取り組みは翌年（1996年度）の実践に生かされることになる。

1996年度では「関西弁辞典」を作成する実践を行なったのだが、単に作成して終わりではなく、それを全国さまざまな高等学校に送ってアンケートに答えてもらうことを行なった。結果的には全国19校に送付した。

アンケート先からの回答として、筆者も生徒も驚いたことの一つが、「友達と話す時にはよく真似て関西弁を話す」（秋田の高校生）という「方言コスプレ」（田中ゆかり氏による命名。首都圏の学生が笑いをとりたい時に関西弁を使うなど、「方言」を用いたことばのコスプレ現象のことで、キャラクター付けや親しみやすさを演出するためのツールとして、方言がポジティブに見られるようになってきたのである。田中ゆかり2011『「方言コスプレ」の時代』岩波書店参照。日本経済新聞2025年3月15日龍谷大学広告より引用）の現象が起きていることであった。

生徒たちは当初、東日本の高校生の反応は冷たいという予想をしていた。しかし、関西弁だと思っていた「イケてる」が関東の高校生に普通に使われているといった回答など、関西弁への肯定的な評価や受容のされ方に、予想を覆されたのであった。一方で、ことばの均質化に寂しさや問題意識を持つようになった。

第1期の方言教育の主な意図は自文化理解、自己のアイデンティティの確認、異文化理解であったといえる。

権力から見た方言

第2期は京都府立八幡《やわた》高等学校（現・京都八幡高等学校）時代（1997年度～2006年度）である。権力の視座から方言を捉え、社会を考える授業を本格的に行った時期である。そのような質的転換を図るきっかけは、前述の竹内氏の指摘にある。竹内氏は筆者の実践を評して『高校生活指導』132号所収の「教室のなかのことばの断層を越える―言語における国家と市場と市民社会―」（全国高校生活指導研究協議会編、青木書店、1997年）に次のようなコメントを寄せていた。

「『（私たちは）まったく京都人失格だ。（京ことばを）使えたら使いたい。（中略）そうだとすれば、『なぜ私たちが京都人失格となっているか』という問いが立てられてよかったのではないか。そういう問いが立てられていたならば、身体性を持たない書きことばを基本にしてつくられた標準語（国家語）の強制が、地域社会のことばがもっていた豊かな身体性を剝奪《はくだつ》し、日本人の表情豊かな身体性を硬直した国家主義的な身体性へと画一化してきたこと、その歴史がいまもなお続いていることが生徒たちに意識化されたのではないか（後略）』」。

教材としては新たに嘉門達夫の曲『関西キッズ』、なにわことばのつどい事務局作成の「なにわいろはかるた全集」、真田信治（2001）『方言は絶滅するのか』ＰＨＰ研究所などを加えるとともに、竹内氏の指摘を明確に意識して取り組んだのがこの時期の方言教育実践であった。

したがって『大阪レジスタンス』を鑑賞させても「大阪弁教育など言語統一と何ら変わらない、大阪を真ん中に置いただけ」、「好きなことばを使えるようにするための運動は最後は自文化のみを残そうとする運動に変わっている」、「結局大阪が良ければそれでいいのか」、「標準語の良さを見直すことは全くやっていない」、「自文化絶対主義の行く先を痛烈に批判している」といったような、前任校以上に批判的な意見が多く出されるようになった。

また『アホ・バカ分布考』を教材として利用しても、古語が全て京都のことばに集約されて解釈されることを「言語の問題」として投げかけるようにした。第2期は、第1期よりも「国語と方言」の関係を問い、「権力」の視座から方言を生徒に考えさせるという意図を明確に持つようになったのである。

「正解主義」への警鐘

第3期は国立大学法人京都教育大学附属高等学校時代（2007年度～2016年度）である。この期では、進学校という性格上、これまでの期とは異なる授業方法の創意工夫が必要となった。教科書に掲載されている、ことばをテーマにした教材に関連させて方言を扱うようにした。

例えば橋本治『敬語への自覚　他者への自覚』、中野重治『梨の花』、雑賀恵子『舌の戦《おのの》き』などである。

また「言語景観」を教材として採り入れた。街で見かけた大阪弁の景観画像はもとより、筆者の研究テーマである「法廷の方言」研究として収集した裁判員制度啓発の際に作られた地元方言を使用した幟《のぼり》や看板・ポスター・チラシ、「ひらかたパーク」の岡田准一さんの『おま』ポスター」などである。修学旅行の行き先が北海道になった時は、アイヌ文化の事前学習を兼ねて、アイヌ語を始めとする危機言語も扱うようになった。自由課題として北海道の方言（言語）景観を携帯写真に撮って提出させる課題も出すようになった。視聴覚教材としては前田達朗（2013）制作『瀬戸内のシマグチ』、齋藤孝制作（2004）『CDブック　声に出して読みたい方言――「方言の湯」に浸かろう』（草思社）のCDなどを使用した。

第3期は、方言から派生して大阪弁などの言語景観や、危機言語だけでなく、地域方言と社会方言、近代国家と方言、敬語と方言、標準語と方言撲滅運動、若者語、方言の復権、言語と経済といった話題にも触れながら、意識して生徒たちに、方言を含めたことばの正しさについて問うようになった。定期試験の問題に、方言を始めとする「正解」のないことばの問いを積極的につくるようにもなった。その背景には生徒の中に蔓延《はびこ》る「正解主義」と「正しいとされることへの鵜呑《うの》み」への危機感が存在したのである。

大阪弁の未来に向けて

平成12年（2000年）に財団法人大阪都市協会編『21世紀大阪流〜これからの「大阪流」まちづくりを考える』にエッセイの寄稿を求められ「F大阪市長の独り言」と題して、大分県湯布院の温泉に浸かりながら思い浮かんだことを綴った文章がある。そこにはもし自身が大阪市長になったらどんな施策をするかを書いた。「ソトからのたこ焼き、お笑いといったイメージからの脱却、若手芸人の罵倒・侮蔑語の大阪弁イメージの払拭と豊かな大阪弁の流布」、「ぼちぼちの街・○○区、のように区ごとにふさわしい大阪弁を選んでもらう『一区一言運動』の提案」、「個性オリンピックの実現」（毎年大阪弁にちなんだテーマを設けて、例えば「はんなり」なら、国内外よりそのイメージに合った、コツコツと何かに取り組んでいる人を自薦他薦で選んでもらい、大阪で一堂に会す。個性あるユニークな人を紹介する活動を継続して、個性ある人間を生み出す文化都市・大阪のイメージを形成する）といったことに加え、大阪弁の教育について言及していた。将来を担う子どもの教育の一環として、大阪中の全ての学校に「方言と文化」という必修科目を設けるという案である。

勤務する大学で担当する「国語科教育法」では、関西（大阪）弁などの方言をどう授業で扱うか考える機会を設けている。大阪弁に限らず方言は自然と自己の根源や社会の課題を考えることにつながる。方言の教育は、社会の当たり前を疑い、未来社会を創造する「市民」が育つシティズンシップ教育でもある。

今後四條畷学園や、筆者の実施したような大阪弁の授業実践が増えることを期待したいものである。

野球と大阪弁のきってもきれない関係

「まいど」と叫ぶプロ野球選手

大阪弁とスポーツは馴染みが深い。

２００８年３月23日、大相撲の横綱・朝青龍《あさしょうりゅう》が、大阪場所の千秋楽で白鵬《はくほう》との相星決戦で勝ち、４場所ぶりに賜杯を奪回した。この時のインタビューで最後のことばは「大阪好きやで。ほんまに好きやで。まいど、おおきに」という大阪弁であった。また「ヒョー、ショー、ジョウ！」で懐かしい、羽織袴姿《はおりはかますがた》で土俵に上がった外国人、故デビッド・ジョーンズ氏（元パンアメリカン航空極東地区広報支配人）はその地方場所の方言を交えて読み上げていた。大阪では「あんたはんはええ成績で優勝しゃはった」であった。

全国化した大阪弁の「めっちゃ」。スポーツの世界で大阪人以外の出身者が「めっちゃ」を使い出したのは２０００年頃のことである。２０００年9月のシドニーオリンピック水泳女子４００メートル個人メドレーで銀メダルに終わった神奈川県鎌倉市出身の田島寧子《たじまやすこ》選手は「めっちゃ悔しい、金がいいですぅー」と大阪弁で試合後の気持ちを語った。

２００５年春の選抜に45年振りに出場し、ベスト8まで進出したこれもまた神奈川県の慶應義塾高等学校は、ベンチで円陣を組む際「まじ、めっちゃ楽しいわ」と声をかけたという。

とりわけスポーツの中でも、野球は大阪弁との結びつきが強い。阪神以外に、かつて関西には阪急・南海・近鉄と球団も多かったが、それらの球団での標準語は大阪弁であった。南海に取材の申し込みをした記者が「まいど」と言われたというエピソードが残っている。大阪弁が幅を利かしていたため、福岡ソフトバンクホークスの前身である南海ホークスでは、東北訛りの抜けない山形県出身のエースだった皆川睦雄《みながわむつお》投手が、阪神では、「ダッペ」を多用する茨城県出身のエースであった井川慶《けい》投手が、無口になってしまった、というスポーツ記者の証言がある。同じ阪神で活躍した安藤統夫《もとお》・和田豊といった監督経験者やホームラン打者で名を馳せた田淵幸一選手も変な大阪弁を使っていたという。

プロ野球選手には大阪出身者が多いせいか、大阪弁を積極的に使う選手も珍しくない。例えば日本ハムのエースとして活躍した岩本勉投手は、ヒーローインタビューの冒頭では必ずスタンドに向かって「まいどー」と拳《こぶし》を挙げて叫んでいた。大阪出身の岩本はファンへの感謝の気持ちを大阪の商人風に伝えていたのである。人気球団の巨人とかつて同じ本拠地（東京ドーム）であった日本ハムの選手は、人気薄の「パ・リーグの悲哀」を嫌というほど味わっていたのであり、それに対抗する意味での目立つための「大阪弁ストラテジー」であった。

「大阪弁ストラテジー」を駆使して人気のないチームを盛り上げたのが、阪急や日本ハムで指揮を執った故上田利治監督である。上田は阪急（現オリックス）の監督時代、「○○（選手名）はエエデ、エエデ」と連発して選手をマスコミに売り出そうとした。同じ在阪球団の阪神に比してマスコミへの採り上げられ方が少ないのを憂えての、大阪弁ストラテジーであった。

アウトは「アカン」⁉

戦前から大阪は野球が盛んでレベルが高く、さらに隣県で甲子園大会が開催されたり、野球の人気や実力では大阪が他の地域より抜きん出ていたことも影響しているのか、野球界には大阪弁が共通語化したことばが幾つかある。「ど真ん中」、「しょんべんカーブ」、「ポテンヒット」、「どん尻（けつ）」、「放る」、「しばく」などである。

中でも「ど真ん中」は共通語化した大阪弁野球用語の「エース」であろう。在阪テレビ局で長年活躍した、東京出身の或るアナウンサーによると、東京では耳にしたことはあった程度で、1950年代に大阪に来てから、当時南海ホークスの監督だった鶴岡一人さんからよく聞いた大阪弁だという。

「ど」は否定的な、罵倒する意を持った大阪弁だが「ど真ん中への失投」、「ど真ん中のボールを見逃し」といった表現のように、野球の観点からいえばどちらかというと非難することばとして「真ん中」に「ど」が付けられたことが考えられる。

戦時中の話になるが、敵性語として軍部が英語の使用を禁止したため、戦時中アウトのことを「ヒケ」と言ったが、審判員の間から発音が難しく選手にわかりにくいという事情から、一時「アカン」が用いられた。しかし塁上のクロスプレーの判定に「アッカーン」と言われると全身の力が抜けるとの声が選手の間で起こり、再び「ヒケ」に戻された経緯がある（玉木正之1990『プロ野球大事典』新潮社参照）。

大阪でいう「ポテンヒット」を首都圏では「カンチャン」というが、同じ関西圏でも地域によって使う野球用語が異なる場合がある。京都の丹後地域では「後ろ」のことを「ウラ」と言う。そのため大きな飛球を追う仲間の選手に周囲が叫ぶことばは、京都市内の高等学校で使う「バック、バック、バック」ではなく「ウラ、ウラ、ウラ」になる。地域による方言の相違は試合中の野次においてより明らかとなる。京都市内の高等学校と神戸市内の高等学校が対戦すると、互いに「投げはる」、「打っとう」は違和感を持って聞こえることばとなる。いずれも筆者が高校野球の監督を5年間務めていた時のエピソードである。

魔法の言葉「ぼちぼちいこか」

大阪弁がチーム内での標準語であることはいうまでもないが、時には大阪弁がチームに活力を与えることも起きる。1990年第72回夏の甲子園大会では奈良県代表の天理高等学校が逆転に次ぐ逆転で優勝に輝いた。当時の橋本武徳監督が「ぼちぼち行こか」とベンチでつぶやくと急に選手たちが打ち始めたという。「ぼちぼち」がマジックのような大阪弁と化したのである。

関西のスポーツ報道では大阪弁は効果的に使われている。阪急で「盗塁王」として通算盗塁の日本記録を打ちたてた大阪出身の福本豊氏の実況解説は、大阪弁がオノマトペとともにふんだんに使われ（例えば「指にはそんだんちゃいますか」など）好評を博していた。関西のスポーツ紙の見出しや本文にも大阪弁は積極的に使われている。例えば「なんでや!!　4点差逆転負け」（日刊スポーツ2015年6月4日付）などである。近鉄の「いてまえ（やってしまえ）打線」などはマスコミによるわかりやすくてインパクトのあるネーミングであろう。

一方で、マスコミ報道で大阪弁がセンセーショナルにクローズアップされる場合もある。阪神のエース・江本孟紀《えもとたけのり》投手の「ベンチがアホやから野球でけへん」は、問題視され、その大阪弁が原因で引退に追い込まれた事件は、今も語り草である。

マスコミによりつくられた大阪弁に最も悩まされたのは西武・巨人・オリックスで活躍した清原和博選手であろう。清原のコメントは必ず主語が「ワシ」になった。「『ボク』と言っても『ワシ』と表記される」と、報道陣に抗議したことがあった。年下の記者による囲み取材では「俺」と言ったようだが、年上の記者にはそういったことばを使わず、使い分けていたと、取材していた記者は述べている。「ワシ」は清原選手にとってマスコミに与えられた迷惑な「大阪弁」であったといえよう。

「しばく」をドジャース内で広めた野茂

大阪弁は関西圏以外にも「流出」している。大阪の中学球児は積極的に他府県の高等学校に野球留学するため、大阪から遠く離れた高等学校で大阪弁が共通語化しているケースがある。スポーツ記者によると、東北、北陸、山陰の野球強豪校には、大阪弁が主流になっているところもあるという。

さらに大阪弁は関西で育ったプロ野球選手の大リーグ流出により海外へも「進出」して

いる。海を渡った先駆者である近鉄の元エース・野茂英雄がドジャースにいた頃、「しばく」という大阪弁がチームメートにも広まったということである。

また大阪・寝屋川市出身で巨人やレッドソックスなどで活躍した上原浩治投手はアメリカでも大阪弁を使っていた。以前メッツに在籍し、西武の監督も務めた松井稼頭央《かずお》は、大阪の名門・PL学園出身だが、やはり同僚に大阪弁を教えていたという。多くの日本人選手が大リーグで活躍する時代になったが、岩手出身の大谷翔平選手や菊池雄星投手が岩手の方言を使い続けたり、チームメイトに広まったという話は耳にしない。

野球における大阪弁の国際化は、海外だけではなく「内なる国際化」も進む。在阪球団に縁のある外国人選手の大阪弁使用である。

阪急ブレーブスの内野手であったロベルト・バルボンはコーチを経て阪急や近鉄の通訳となったが、ホームラン打者として阪急で活躍した外国人選手・ブーマーが三冠王を獲った時、「今どういう気分ですか」と訊いた報道陣に「ごっつうええ気分や、ゆうとるで」と訳し、報道陣を爆笑の渦に巻き込んだ。

神戸出身の妻を持つバルボンは短くまとめた関西弁訳が特徴だった。初代楽天のゼネラル・マネージャーを務めたマーティー・キーナートは神戸で覚えたであろう大阪弁で、顔を合わせる人に「まいど！」と微笑んでいたという。

大阪弁を使ったインタビューは阪神の外国勢に引き継がれている。現役時代「甲子園球場に駐車場はおまへん」のキャッチコピーでCMにも出ていトーマス・オマリー選手は、グラウンドでも「阪神ファン、最高や！」と叫んだ。マット・マートン選手も「ああ、しんど」「まいどおおきに」と大阪弁を使い、ファンを沸かした。

「今年、アレやから、アレいくで」

２０２３年は阪神タイガースの日本一に沸いた大阪であるが、優勝に導いた前監督の岡田彰布《あきのぶ》氏は生粋の大阪人である。大阪市内で小中学校時代を過ごし、北陽高等学校（現関西大学北陽高等学校）、早稲田大学を経て阪神タイガースやオリックスで選手、監督などとして活躍した。

監督在任中、「アレ」や「オーン」といった「岡田語」が話題となった。「アレ」は以前から岡田監督と交流のあるマスコミ記者でないと、そのことばの意味をつかめないことばだったようである。「今年、アレやから、アレいくで」と言った岡田監督のことばを聞いた新人記者が先輩記者に「いったい、岡田監督、何を言ってはるんですか？」と聞き返したというエピソードがある。

中でも大阪弁の「そらそうよ」（共通語で言うならば「それはそうだよ」）も大阪人の心をつかんだ大阪弁である。「そらそうよ」は兵庫県警の詐欺防止のポスターに岡田監督のユニフォーム姿とともにキャッチコピーとなった。「そらそうよ」の大阪弁が詐欺防止につながったのは「そらそうよ」であったのであろう（か）。

甲子園のヤジ

北海道日本ハムファイターズの新庄剛志監督は、4年目を迎え貫禄も出てきたが、阪神の選手時代は甲子園の大阪弁のヤジの餌食となっていた。

「新庄、調子のんな。べっぴんさん連れて　あないな車、乗っとるからじゃ」

1994年4月20日・対広島2回戦、4対3で迎えた10回裏。ここで代打・真弓がタイムリーヒット。盛り上がるも、新庄三振でアウトとなった時のヤジである。「べっぴん」とは大阪弁で「美人」の意味であり、「あないな車」とは「愛車・ベンツ」のことである。

球界の大御所にも容赦ない。三冠王や元中日監督を務めた落合博満へのヤジである。

「落合！　打ったら　カミさんに　おまえの浮気バラすで〜」

同年8月12日・対巨人20回戦、東京ドームにて、落合がチャンスに、打席に入った時のヤジである。ヤジを飛ばしたのは応援のために上京した男性3人組だとのこと。当時落合が浮気をしていたかどうかは定かではない。甲子園では「守銭奴、銭ゲバ」などというヤジも浴びている。

大阪・上宮高等学校から巨人に入団した元木大介も格好のヤジの対象であった。かつて甲子園のセンバツ決勝戦でサヨナラ負けし、ショートのポジションにへたりこんで涙したかつてのヒーローにも遠慮がない。

「ヤブ〜、気いつけ〜や。その男にだけは　打たれたらあかん。嫁はん、さらわれるで」

「元木、ここで打ったら　二度とナンパさせへんぞ」

前者は同年9月2日・対巨人23回戦4回表、投手は当時の阪神のエース・藪恵市《やぶけいいち》。ピンチに、打席には元木。その時のヤジである。藪はシーズンオフに結婚予定だった。

後者は9月3日・同じく対巨人24回戦9回表。4対0で阪神リードのまま9回表、巨人の攻撃。ワンアウト1塁で元木を迎えた時のヤジである。大阪出身にもかかわらず、浪人してまで巨人入りし、色男でモテた元木に発せられるヤジには阪神ファンの怒りがあったのかもしれない。

前掲のヤジはすべて、阪神タイガースに熱狂するヤジ研究会編（1994）『甲子園のヤジ　応援・罵倒の公用語、大阪弁のド迫力』同文書院からの引用である。この書は1994年に4名の関西出身者と2名の関東出身者により収集されたヤジの数々である。

研究会代表で関東出身の松井晃氏による「はじめに」には「大阪弁のなんともいえない味……。激しい怒りが爆発を誘い、鋭い皮肉が暖かい激励に転化し、悲痛な祈りが毒を含んだ諧謔《かいぎゃく》に変わり、絶望の悲鳴から歓喜の雄叫びが聞こえる。その魔法のような言葉が私たちを包んでいた日常生活の皮膜をひきむしってしまいました」という、大阪弁の味わいを表す一文が掲載されている。

「おわりに」を読むと、2名の関東出身者も洗脳されて大阪弁で会話するようになっていたようである。「大阪弁は毒素が強力なのである。この勢いでいくと大阪人がその気になって日本人すべてを『洗脳』し始めたら、あっという間に日本中を『大阪』にしてしまうのではないか」とあり、これは本書の帯の「自分のペースに巻き込む大阪弁の力」の換言といえるだろう。

甲子園球場の阪神ファンからのヤジは、関西出身者以外には一層の違和感があるに違いない。1985年の阪神優勝の年には、敵の監督や選手に対して5万人の観衆が、一斉に「アッホウ！」と叫ぶ応援方法が甲子園球場で流行したことがあり、敵チームは精神的にかなり参ったらしい。

またかつて南海でエースとして活躍した外国人投手であるジョー・スタンカは、ノックアウトされてファンから「スカタン！」と大阪弁（当ての外れたことの意）で野次られることを気にしていたと回顧している。ただ「野次」の方言文化は応援組織による統制化によって消えつつある。

以上のように、大阪弁は他の地域方言よりもスポーツ、とりわけ野球との関わりが非常に強く、その運用は多様性を持ち、現在の野球界にも深く関わっているといえよう。

泉南方言のことなど

ここでは編集者から書いてほしいと言われながら、自身の力不足のために、章とするには至らなかった三つのことについて述べておこう。

ひとつは泉南方言のことである。大阪弁というと、地理的に昔の旧国名に基づいて「摂津方言」、「河内方言」、「和泉方言」の大きく3つに分かれるが、岸江信介氏（真田信治監修２００９『大阪のことば地図』和泉書院）の調査によると、現在は摂津方言と河内方言、和泉でも堺市を中心とした泉北方言の区別はあまり変わるところがないという結果になっている。和泉方言の中でも、南部の泉南方言と称すべき地域方言が、摂津・河内・泉北方言と一線を画しており、岸江氏は従来の和泉方言という区画を廃し、大阪府下の方言を摂津・河内方言と泉南方言に二分することを提案している。

山本俊治（１９６２「大阪府方言」『近畿方言の総合的研究』三省堂）の分類に基づくと、和泉方言は、泉北方言（泉北郡・堺市・泉大津市・和泉市）と泉南方言に分かれ、泉南方言はさらに中和泉方言（岸和田市・貝塚市・泉佐野市・熊取町）と南和泉方言

（泉南郡）に分かれる。

その違いであるが、岸江氏によると、摂津・河内方言では待遇方言（話し手が、相手との人間関係によって使い分ける表現の方言）の「ハル敬語」や「ヨル」、「トル」が使用されるのに対して、泉南方言ではほとんど使われない。摂津・河内での「（雨が）フッタール」に対して「フッチャール」となる。「してやる」は摂津・河内方言では「シタル」だが、泉南方言では「シチャール」になる。「あるじゃないか」の表現形式は、摂津・河内方言では「あるガナ・あるヤン」だが、泉南方言では「アラシ・アラシテ」になる。文末部の融合が著しく、文末の助詞「ワ、ワイ、ワシ」が前に接する動詞や助動詞と融合し、「本、ヨマ（読むわ）」、「アカナイ（あかんわい）」、「フッテラシ（降ってるわし）」になる特色があるという。

泉南方言は和歌山県北部の紀北方言と共通する現象が多く、摂津・河内、紀伊の間に位置するので、双方の影響を受けてきたことは確かだということである。

二つ目は大阪弁がいつ成立したのか、という問いであった。しかしこれは学問的にもまだ明らかにされているとは言い難く研究途上にある。それを簡単にまとめることは今の筆者にはできない。ここではその問いに対して参考となる文献について、本コラムで紹介した前掲書に加え、紹介しておくことにとどめたい。

前田勇1977『大阪弁』朝日新聞社、坂梨隆三1987『江戸時代の国語』東京堂出版、大阪女子大学国文学研究室編1992『上方の文化　上方ことばの今昔』和泉書院、徳川宗賢・真田信治編1995『関西方言の社会言語学』世界思想社、金沢裕之1998『近代大阪語変遷の研究』和泉書院、中井幸比呂編2000『大阪アクセントの史的変遷』神戸市外国語大学外国語学部、真田信治2001『関西・ことばの動態』大阪大学出版会、金水敏2003『ヴァーチャル日本語　役割語の謎』岩波書店、陣内正敬・友定賢治編2005『関西方言の広がりとコミュニケーションの行方』和泉書院、井上史雄2007『変わる方言　動く標準語』ちくま書房、杉本つとむ2012『井原西鶴と日本語の世界　ことばの浮世絵師』彩流社、矢島正浩2013『上方・大阪語における条件表現の史的展開』笠間書院、村上謙2023『近世後期上方語の研究　関西弁の歴史』花鳥社などである。

三つめは、大阪弁は笑いに結びつけられるが、いつごろからそのようなイメージがあるのか、という問いである。

大阪弁のステレオタイプの見方については、木津川計氏（1986『含羞都市へ』神戸新聞出版センター）の大阪文化の3類型がヒントになるだろう。木津川氏は大阪の文化の多様性を「都市的華麗な宝塚型文化」、「土着的庶民性の河内型文化」、「伝統的大阪らしさをたたえもつ船場型文化」の3類型に分けている。本来多様なはずの大阪が「文化のテロル」によって「河内型文化」で以て大阪の文化の代表とさせられたことを論じている。

山本昭宏編著2025『河内と船場　メディア文化にみる大阪イメージ』ミネルヴァ書房は、大阪弁に焦点を当てた書籍ではないが、小説や英語、テレビといったメディア分析を通じていわゆるステレオタイプの大阪らしさがどのように定着していったか、論じている。

大阪弁全体について知りたい場合は、牧村史陽編1984『大阪ことば事典』講談社（大阪地方裁判所の速記官が大阪方言かどうか迷った時や、意味がわからない時に利用している）、ならびに真田信治監修2018『関西弁事典』ひつじ書房（関西弁の全容を示す総合的な解説書）が、読み物としてもおすすめである。

コラム10

最後は大阪の手打ちで

自宅近くの大阪天満宮は12月25日が終（シマイ）天神。村上天皇が梅干し入りのお茶で病が治った故事にちなみ、無病息災を願って「幸《さち》うめ」が配られる季節になると、年の瀬感が募る。

「シマ（仕舞）イ」は「終わり」を意味する大阪ことば。全国的なことばだが、片付けておくよう命令する時の「シモトキ（ヤ）」、片付けてそこにある時の「シモタァル」、片付けていた時の「シモテタ」といった動詞を考えれば、確かに大阪ことばだと理解しやすい。この一年間で「しまった！」と思った時は誰でも一度ならずあろう。その時は「シモタ！」となる。

「しまう」に意志が強く入ると「もうヤンペにしよ」となる。筆者が理事を務めさせてもらっている日本笑い学会の会合で、大阪生まれ大阪育ちのかたが「もうヤンペですな」とひと言。何ともいえない穏やかな空気が場を包んだ。それを聞いて子どもの頃よく使ったことを思い出した。「中止です！」は角が立つが、「ヤンペですな」は笑いが生まれる（ちなみによく笑う人間を「ゲラ」という。舞台で少しのことで笑う俳優を指す芝居の隠語かららしい）。

　誰かと別れの挨拶をする時は、「ホナ」という大阪ことばで、単なる接続詞ではなく別れの余韻や親しみも忍ばせる。沖縄西表島《いりおもてじま》に暮らしていた教え子によれば「またあとでねー」が現地での別れの挨拶らしいが、「ほな」にも「See you again!」の気持ちが込められる。

　エッセイのラストは「大阪の手打ち」で締めよう（東京では「手打ち」は縁起が悪く「手締め」となる）。天神祭ではこの手打ちでご祝儀へのお礼とする。

打《う》ちまーしょ　チョン、チョン
もぉひとつせぇ　チョン、チョン
祝《いお》ぉて三度　チョチョン、チョン

よく誤解されるが、「打ーちましょ」ではない。大阪天満宮文化研究所の高島幸次所長によると（ジェンダーフリーの世の中にそぐわないが）「打ーちましょ」は女締めで、北新地の芸妓《げいぎ》さんたちがやっていて、天神祭は男締めなので「打ちまーしょ」になるという。

また、これは一般には「大阪締め」といわれるが、高島所長によると、かつては手締めの違いで氏地の違いを示したので、もともと「大阪締め」という言い方はなかったはず、とのことである。こういったことは筆者も初めて知った。奥が深い。

皆さん、最後まで読んでもろうてほんまおおきに。

大阪弁を承《う》け継いで――「あとがき」にかえて

20年前に大阪弁の新書を出した時は多くの先達がおられた。だが、在所のことばを教えてくれた両親や親戚の人はもういない。優雅な大阪弁を教えて下さった踊りの師匠も、疑問があればいつも答えて下さった、大阪弁を愛する市民団体（「なにわことばのつどい」）の代表のかたも、鬼籍《きせき》に入られて年月が経つ。

方言学の師である真田信治先生も2022年、彼岸《ひがん》に行かれた。本書が上梓《じょうし》されたら、一番に報告したいかたであった。お読みになって何と批評されただろうか。東京・上野のお寺に本書を持って報告に行こう。

今年如月《きさらぎ》の頃、大阪弁の講演をした後、「最近は関西弁という表現をよく聞きますが、大阪弁という言い方が聞かれなくなったような気がします。なぜでしょうか?」という質問を複数のかたから頂いた。今まで考えたことがなかった疑問に「はっ」となった。情報の発信が東京なので、東京からしたら、京都や神戸などのことばも大阪のことばも、同じように聞こえるのではないか、関西であれば違いなどなく、同じ関西弁という一括りにまとめても差し支えないと考えているのではないか、という回答をした。確証はない。ただ大阪人である筆者は大学時代、「いつ京都に帰省するの？」と聞かれるたびに、いつも心の中で「大阪なんやけど」と呟《つぶや》いていた。やはり大阪は大阪なのであって、関西弁ではなく大阪弁なのである。本書の出版が計画された際にタイトルを「関西弁」にするか「大阪弁」にするか、編集者と議論になったが、やはり「大阪弁」にして良かったと思う。いつの間にか、自分自身が「大阪弁」を伝える側になったことに最近気づいた（なお「言葉の地位を問い直す」という見出しで、龍谷大学ホームページにあるBEiNG〔社会と自己の在り方を問うメディア〕に、方言の力と重要性について記している。興味のある方は、左上のQRコードなどからアクセスしてほしい）。

https://www.ryukoku.ac.jp/being/04/

　本書は先人の業績や多くのかたがたのお世話になった。お一人お一人名前を挙げて御礼を述べるべきところであるが、紙数の限りもあり省かせていただきたい。

　ただ、身内である娘には御礼を述べておきたい。幼い頃、息子に比べて接する時間は短く、妻の方が長く接しているはずなのに、なぜか筆者の話す大阪弁をそっくり承け継いでいる。何かと本著の内容に意見をしてくれた、最初の読者である。「中味、全然大阪弁の深み違《ちゃ》うやろ」と辛辣な批判を受けた。その真偽は読者に委ねたい。

ぼちぼち（そろそろ）大阪弁の本を書きたいなあ、とぼんやりと思っていた時に、突如龍谷大学の大宮キャンパスの研究室に現われ、筆者の思いを瞬く間に引き出してくれたのはＰＨＰ新書の西村健氏であった。粘り強く関係諸機関との交渉にあたり、丁寧に原稿を整理して下さった。心から「おおきに」と言いたい。

初めて真田先生の研究室を訪ねたのが２００２年2月19日。その時携えていた本が２００１年に執筆されたＰＨＰ新書『方言は絶滅するのか　自分のことばを失った日本人』であった。日付を覚えているのはサインを頂いたからである。大阪・関西万博開催の記念すべき年に、師との出会いの思い出にまつわる出版社から拙著を世に出すことができた。めっちゃ嬉しい。

札埜和男

２０２５年　桜咲く大阪にて

初出文献

第一章

日本笑い学会第29回大会（オンライン）２０２２年8月28日「大阪府警による笑いの研究―言語景観（ポスター）に焦点を当てて―」発表資料をもとに書き下ろし

第二章

言語経済学研究会編　三省堂辞書サイト『地域語の経済と社会―方言みやげ・グッズとその周辺―』三省堂（http://dictionary.sanseido-publ.co.jp）２０１５年10月17日「『おま！』―人気俳優と方言―」をもとに加筆改稿

第三章

札埜和男１９９９年『大阪弁看板考』葉文館出版pp.159-170「第二章　大阪弁の店名を通してみた大阪の文化」、日本方言研究会２０１２年『日本方言研究会第95回研究発表会発表原稿集』pp.25-34「ブルデューの理論を使って読み解く公的機関における方言景観―裁判員制度ＰＲのための方言キャッチコピーをめぐって―」をもとに加筆改稿

第四章

小林隆・今村かほる編２０２０年『実践方言学講座第3巻　人間を支える方言』くろしお出版pp.69-90 第４章「司法・行政における方言の課題」、真田信治監修２０１８年『関西弁事典』ひつじ書房pp.278-283「商談と関西弁」、札埜和男２０１２年『法廷における方言「臨床ことば学」の立場から』和泉書院pp.43-123およびpp.147-162「第２章　法廷における大阪（関西）方言の機能」、「第４章　権力・権威の視座より」をもとに加筆改稿

第五章

日本方言研究会２０１７年『日本方言研究会第１０４回研究発表会発表原稿集』pp.37-40「25年間に及ぶ高等学校での方言教育の軌跡」、前掲書『関西弁事典』p.352「関西弁と野球」をもとに加筆改稿

コラム3・4・6・7・10

日経ネット関西２００７年11月〜12月『大阪スタンダード・ことばの旅』（９回）より抜粋、加筆改稿

コラム5

財団法人大阪市都市工学情報センター２００７年9月『大阪人vol.61』pp.2-3「哀しき『しゃあない』」を加筆改稿

PHP新書
PHP INTERFACE
https://www.php.co.jp/

札埜和男［ふだの・かずお］

龍谷大学文学部哲学科教授。日本笑い学会理事。1962年大阪府交野市生まれ。慶應義塾大学法学部政治学科卒業。教員生活（中学校2年・高校29年）では主に国語科を担当。高校教員在職中に博士号（文学・大阪大学）を取得。2022年より龍谷大学文学部准教授。25年4月より現職。文学作品を題材にした模擬裁判「文学模擬裁判」を創出し全国で指導。
著書に『大阪弁看板考』（葉文館出版）、『大阪弁「ほんまもん」講座』（新潮新書）、『文学模擬裁判のつくりかた』（清水書院）など。

大阪弁の深み
その独特の魅力を味わう

（PHP新書 1429）

二〇二五年五月八日　第一版第一刷

著者――札埜和男
発行者――永田貴之
発行所――株式会社PHP研究所
東京本部――〒135-8137 江東区豊洲5-6-52
ビジネス・教養出版部 ☎03-3520-9615（編集）
普及部 ☎03-3520-9630（販売）
京都本部――〒601-8411 京都市南区西九条北ノ内町11
組版――二橋孝行
装幀者――芦澤泰偉＋明石すみれ
印刷所――大日本印刷株式会社
製本所――東京美術紙工協業組合

ISBN978-4-569-85909-5

ＰＨＰ新書刊行にあたって

「繁栄を通じて平和と幸福を」(PEACE and HAPPINESS through PROSPERITY)の願いのもと、ＰＨＰ研究所が創設されて今年で五十周年を迎えます。その歩みは、日本人が先の戦争を乗り越え、並々ならぬ努力を続けて、今日の繁栄を築き上げてきた軌跡に重なります。

しかし、平和で豊かな生活を手にした現在、多くの日本人は、自分が何のために生きているのか、どのように生きていきたいのかを、見失いつつあるように思われます。そして、その間にも、日本国内や世界のみならず地球規模での大きな変化が日々生起し、解決すべき問題となって私たちのもとに押し寄せてきます。

このような時代に人生の確かな価値を見出し、生きる喜びに満ちあふれた社会を実現するために、いま何が求められているのでしょうか。それは、先達が培ってきた知恵を紡ぎ直すこと、その上で自分たち一人一人がおかれた現実と進むべき未来について丹念に考えていくこと以外にはありません。

その営みは、単なる知識に終わらない深い思索へ、そしてよく生きるための哲学への旅でもあります。弊所が創設五十周年を迎えましたのを機に、ＰＨＰ新書を創刊し、この新たな旅を読者と共に歩んでいきたいと思っています。多くの読者の共感と支援を心よりお願いいたします。

一九九六年十月

ＰＨＰ研究所